企业投融资决策与股权结构设计

蒋世儿 著

中国商业出版社

图书在版编目(CIP)数据

企业投融资决策与股权结构设计 / 蒋世儿著.
北京 ：中国商业出版社，2024. 8. -- ISBN 978-7-5208-3063-8

Ⅰ. F275.6

中国国家版本馆 CIP 数据核字第 202421371U 号

责任编辑:管明林

中国商业出版社出版发行
(www.zgsycb.com　100053　北京广安门内报国寺 1 号)
总编室:010－63180647　编辑室:010－83114579
发行部:010－83120835/8286
新华书店经销
天津和萱印刷有限公司印刷

*

787 毫米×1092 毫米　16 开　9.25 印张　161 千字
2024 年 8 月第 1 版　2024 年 8 月第 1 次印刷
定价:45.00 元

* * * *

(如有印装质量问题可更换)

前　言

在全球化竞争日益激烈的今天，企业的投融资决策不仅关乎资金的筹集与运用，还承载着企业战略转型与升级的重任。而股权结构的设计，直接关系到企业的治理效率、风险控制能力和长期竞争力。本书通过系统分析投融资决策的理论与实践，结合股权结构设计的最新理念，为企业提供了一套科学、实用的指导方案，助力企业在复杂多变的市场环境中实现可持续发展。

本书以企业投融资决策概述为切入点，论述了企业投资决策实践、企业融资决策实践、企业股权结构设计原理，并对企业投融资决策与股权结构的关联性进行深入探讨。希望通过本书的介绍，能够为读者在企业投融资决策与股权结构设计方面提供帮助。

在写作过程中，笔者参考了部分相关文献、资料，获益良多，在此谨向相关作者表示衷心的感谢。

由于笔者水平有限，部分问题的研究还待进一步深化、细化，书中难免存在不足之处，敬请广大读者批评指正。

蒋世儿

2024 年 6 月

目　录

第一章　企业投融资决策概述

第一节　企业投融资决策的基本理论

一、投融资决策的定义与意义

(一) 概念

投融资决策直接关系到企业的生存和发展。从本质上讲，投融资决策是一个资金的合理配置过程，即企业如何通过内源性筹资和外源性筹资获得所需资金，并将这些资金投入到各个项目中，以实现企业价值最大化的过程。这一过程涉及筹资决策和投资决策两个方面。

筹资决策是指企业选择合适的融资方式，确定最优资本结构的过程。企业的资金来源主要包括内源性筹资和外源性筹资两种方式。内源性筹资是指企业通过自身经营积累形成资金，如留存收益、折旧等；外源性筹资是指企业通过对外举债或股权融资等方式获得资金，如发行股票、银行贷款、发行债券等。筹资决策的核心是权衡各种融资方式的成本和风险，在满足企业资金需求的同时，实现资本结构的优化，最终达到企业价值最大化的目标。

投资决策是指企业对拟投资项目进行评估、筛选和优化组合的过程。企业要对各个潜在投资项目的盈利能力、风险水平等进行全面分析，运用净现值法、内部收益率法等方法评估项目的经济可行性，并结合企业发展战略、风险偏好等因素，选出最优的投资项目组合。投资决策的关键是如何在有限的资金约束下，实现投资收益最大化和投资风险最小化的平衡，进而推动企业可持续发展。

(二) 核心意义

投融资决策是企业战略管理的核心内容之一，其质量的高低直接关系到企业的生存和发展。科学、合理的投融资决策不仅能够为企业的战略目标实现提供资金保障，而且能够优化资源配置，提升企业核心竞争力，推动企业持续、健康发展。因此，企业必须高度重视投融资决策，并将其作为战略管理的重中之重。

从支持企业战略方向的角度来看，投融资决策在很大程度上决定了企业未来的发展路径和实现愿景的可能性。企业的战略目标，如市场拓展、产品创新、兼并重组等，都离不开雄厚的资金支持。通过投融资活动筹集所需资金，并将其投入到关键领域和项目中，企业才能加快战略落地，抢占市场先机。反之，如果投融资决策失当，资金短缺或闲置，就会严重制约企业的战略执行，甚至错失宝贵的发展机会。

从维护企业财务健康的角度来看，科学的投融资决策是防范和化解财务风险的有效手段。企业经营过程中面临着各种风险和不确定性，如市场波动、政策变化、突发事件等，都可能对其财务状况产生冲击。而合理的投融资决策能够帮助企业构建起多元化、稳健的资本结构，提升抗风险能力。通过权衡投资回报和融资成本，优选风险收益比最优的项目组合，平衡短期收益和长期价值，企业可以在复杂多变的环境中保持财务平稳，避免陷入资金链断裂或债务违约的困境。同时，审慎的投融资决策还能够遏制盲目扩张、过度负债等短视行为，促使企业回归理性，追求内涵式、可持续的增长，进而实现财务健康。

高质量的投融资决策还有助于提升企业在资本市场的美誉度和融资能力。一方面，稳健的财务表现和良好的发展前景是吸引投资者的关键因素。企业通过持续优化投融资决策，保持财务指标稳中向好，就能赢得资本市场的广泛认可，提升自身的投资价值。这不仅为企业后续融资创造了有利条件，也为其带来了更多潜在的商业机会。另一方面，合规、透明的信息披露和投资者关系管理也是树立企业形象、提振投资者信心的重要举措。及时、准确地披露投融资活动相关信息，积极回应投资者关切，既是企业应尽的法律义务，更是其诚信经营的题中应有之义。

二、投融资决策与企业战略的关系

（一）战略指导下的投融资决策

企业战略是企业在复杂多变的环境中，为实现长远目标而制定的总体规划和行动纲领。它决定了企业的发展方向，影响着企业的生存和成长。而投融资活动作为企业战略实施的重要手段，在很大程度上决定了企业战略目标能否顺利达成。

战略指导下的投融资决策，首先需要明确企业的战略目标和发展方向。这就要求企业高层管理者立足行业发展趋势，深入分析企业内外部环境，准确把握市场机遇与挑战，在此基础上制定切实可行的战略规划。只有明确了企业未来的发展蓝图，投融资决策才会有明确的方向和目标。

在此前提下，企业还需根据自身战略，合理配置有限的资金资源，作出正确的投资决策。战略导向的投资应聚焦于企业的核心业务，着眼于提升企业的核心竞争力。无论是扩大再生产、兼并收购，还是研发创新、开拓市场，投资决策都要服务于企业的总体战略，形成投资与战略的协同效应。同时，企业还应关注投资项目的战略价值，重点投向那些虽然短期收益不高，但具有长远发展潜力的领域，以求在未来的竞争中赢得先机。

与投资相对应，融资决策也要纳入企业战略的视野。正确的融资决策不仅关乎资金的及时性和充裕性，更影响着企业资本结构的优化和财务风险的控制。从战略的角度看，企业应根据自身发展阶段和行业特点，权衡股权融资和债务融资的比例，既要保证融资成本的最小化，又要兼顾控制权的稳定和财务杠杆的积极作用。对于处于成长期的企业，可适度增加股权融资比例，引入战略投资者，借助外部资源实现跨越式发展。而成熟期企业则可通过债务融资，在不影响控制权的同时，利用财务杠杆放大投资收益。

（二）对战略实施的支持作用

投融资活动为企业战略实施提供了强有力的资金保障，是企业战略得以顺利推进的重要前提。没有充足、稳定的资金来源，再宏伟的战略规划也难以付诸实施。因此，企业要实现长远发展，就必须高度重视投融资活动，科学制定投融资决策，为战略实施提供坚实的物质基础。

从企业内部来看，投资活动直接影响着企业的资产结构和资源配置。企业通过投资，可以扩大生产规模，优化产品结构，提高技术水平，增强核心竞争力。这些都是企业战略实施的关键环节。比如，一家制造企业为了实施产品差异化战略，决定投资建设一条柔性生产线。这一投资决策如果顺利实施，将极大提升企业的产品创新能力和市场响应速度，为战略目标的达成奠定基础。反之，如果投资决策失当，不仅会浪费宝贵的资金资源，还可能误入战略歧途，错失发展良机。

从企业外部来看，融资活动则事关企业的生存和发展。一方面，企业需要通过融资补充营运资金，满足日常经营所需。另一方面，企业还需要通过融资获得长期发展所需的资本。尤其是当企业面临重大战略机遇或外部环境变化时，及时、足额的融资可以帮助企业抓住机遇，化解风险，赢得主动。反之，如果企业融资渠道不畅，资金紧张，就难以应对激烈的市场竞争，更谈不上实施积极进取的发展战略了。

投融资活动对企业战略的支持作用是全方位、立体化的，绝非单一资金投入就能实现的。企业还需要在投融资过程中，强化资金使用的规划、监督和绩效评估，提高资金配置效率，严控投资风险，以最少的资金投入实现战略目标的最优化。同时，企业还要与资本市场保持良性互动，适时调整融资策略，优化资本结构，降低筹资成本，为战略实施创造有利的外部环境。唯有如此，投融资活动才能真正成为企业战略的助推器。

（三）决策与战略调整

投融资决策作为企业战略的重要组成部分，在企业发展过程中扮演着关键角色。然而，随着经济环境的不断变化，企业面临的挑战和机遇也在不断演变。为了保持竞争优势，企业必须及时调整投融资决策，使之与战略目标相适应。这就要求企业在投融资决策过程中，既要立足当前，又要放眼长远，在机遇与风险之间寻求平衡。

从短期来看，企业需要根据市场行情和自身资金状况，灵活调整投资项目和融资方式。当市场形势有利时，企业可以适当加大投资力度，抢占先机；而在市场低迷期，则应采取相对谨慎的投资策略，控制风险。同时，企业还应根据资金需求和成本考虑，选择合适的融资渠道，如银行贷款、股权融资、债券发行等。灵活的投融资决策能够帮助企业快速应对市场变化，维持稳健运营。

从长远来看，企业的投融资决策必须服务于战略目标的实现。这就要求企业在制订投资计划时，要充分考虑项目的战略意义，评估其对企业核心竞争力的影响。对于那些虽然短期收益不高，但具有长期战略价值的项目，企业应当给予优先考虑。同时，在选择融资方式时，企业也要权衡资本结构对长期发展的影响。过度依赖债务融资可能会增加财务风险，而股权融资则有利于优化资本结构，提升企业价值。

有效的投融资决策还需要建立在全面的风险管理基础之上。企业要充分认识到各类投资项目所面临的市场风险、技术风险、政策风险等，并采取相应的防范措施。这包括加强市场调研和可行性分析，引入先进技术和管理经验，密切关注政策导向等。只有在全面评估风险的基础上作出决策，才能最大限度地规避损失，确保投资的安全性和收益性。

三、投融资决策的经济学原理

（一）机会成本与资金配置

机会成本是投融资决策中不可忽视的关键因素。企业在进行资金配置时，必须权衡不同方案之间的收益和代价，选择能够创造最大价值的投资方向。这一过程实质上就是对各种机会成本的比较和权衡。每一项投资决策都意味着放弃其他可能的选择，而这些被放弃的选择所能带来的潜在收益，就构成了当前决策的机会成本。只有当一项投资的预期回报超过其机会成本时，这项投资才是合理且明智的。

从企业战略的高度来看，机会成本的考量有助于实现资源的最优配置。企业所拥有的资金、人力、技术等各种资源都是有限的，如何在不同的投资项目和业务领域之间进行分配，使有限的资源创造出最大的价值，是每一个企业面临的重大课题。通过对机会成本的分析和比较，企业可以识别出真正具有战略意义、能够支撑企业长远发展的投资方向，避免盲目决策带来的资源浪费。

在具体的投融资决策过程中，机会成本的计算和权衡往往是复杂而细致的。企业需要综合考虑投资回报率、资金时间价值、风险因素等多个维度，对不同方案的成本收益进行量化分析。同时，还要将眼光放得更长远一些，不能仅仅局限于眼前的利益得失，而要考虑投资决策对企业未来发展的影响。一些看似收益较低的项目，如果能够为企业积累关键资源、开拓新兴市场，其长期价值可能远超当前的机会成本。

机会成本的概念对于投资者和管理者都具有重要的启示意义。它提醒我们，任何一项决策都不是孤立存在的，而是存在于一个充满变数和竞争的环境之中。评估一个决策的得失，不能只看它直接产生的结果，更要看它所放弃的其他选择。只有全面权衡机会成本，才能作出最有利于企业持续发展的选择。

（二）边际分析

投融资决策中的边际分析是一种重要的经济学工具，它强调对每一单位新增投资或融资所带来的边际收益和边际成本进行权衡比较。在企业的投融资决策过程中，边际分析能够帮助管理者在资金配置上作出更加科学、合理的选择。

从收益的角度看，企业的每一笔新增投资都应该带来相应的边际收益，即投资项目的预期现金流入。然而，随着投资规模的扩大，边际收益往往呈现递减趋势。这意味着，当投资达到一定规模后，继续增加投入的边际收益会逐渐降低。因此，企业需要审慎评估投资项目的收益潜力，权衡新增投资的边际收益是否能够达到预期目标。

从成本的角度看，每一单位新增的融资都会产生相应的边际成本，如债务融资的利息支出、股权融资的股利分配等。随着融资规模的扩大，边际成本也可能呈现上升趋势。过高的融资成本会侵蚀企业的利润空间，降低其财务健康水平。因此，企业在制定融资方案时，需要综合考虑各种融资方式的边际成本，选择性价比最优的融资组合。

边际分析的核心在于寻求投资收益和融资成本的平衡点。企业应该在边际收益大于等于边际成本时扩大投资规模，而在边际收益小于边际成本时停止继续投入。通过比较投资项目的内部收益率和融资的加权平均资本成本，企业可以判断投资决策的经济合理性。只有当项目的内部收益率超过融资成本时，增量投资才是有利可图的。

在实践中运用边际分析时，企业还需要考虑各种现实约束条件。例如，企业的资金来源是有限的，大规模的债务融资可能会导致财务风险上升；再如，宏观经济环境和行业竞争格局也会影响投资项目的收益预期，企业需要在动态变化中及时调整决策。边际分析为企业的投融资决策提供了一个理性的分析框架，但在具体应用时还需要与企业的战略目标、风险偏好等因素相结合。

（三）市场结构的影响

在不同类型的市场中，企业面临的竞争环境、资源禀赋、信息获取等方面存在显著差异，这些因素无疑会影响企业的投融资行为和绩效。具有前瞻性和敏锐洞察力的企业必须充分考虑市场结构的特点，据此制定契合实际、具有针对性的投融资策略。

完全竞争市场以企业数量众多、产品同质、信息透明、进入退出自由等为典型特征。在这一市场环境下，单个企业难以对市场价格施加影响，投融资决策更多地取决于企业自身的资源禀赋和内部管理水平。企业往往需要通过精细化管理、技术创新等手段提升竞争力，同时采取相对稳健、低风险的投融资策略，注重投资回报率和资本使用效率。与之相比，垄断市场则呈现出企业数量少、产品差异大、进入壁垒高等特点。在垄断市场中，少数企业掌控了大部分市场份额，对价格和产量具有较强的影响力。这种市场地位使其在投融资决策上拥有更大的自主性和灵活性。垄断企业可以凭借市场支配力获取更多的融资渠道和优惠条件，也更有能力承担高风险、高回报的投资项目。然而，垄断企业同时面临着更为严格的政府监管和社会监督，这就要求其在投融资决策中兼顾社会责任和长远利益，避免过度追求短期利润而损害消费者福利。

介于完全竞争和垄断两极之间的是垄断竞争市场和寡头市场。在垄断竞争市场中，众多企业之间存在产品差异化竞争，市场进入相对自由。这种市场结构促使企业通过品牌塑造、营销创新等手段提升产品附加值，并借助差异化优势获取更高利润。相应地，企业的投融资决策也更加注重无形资产的投入，如品牌建设、研发设计等。而在寡头市场中，少数几家企业占据主导地位，市场集中度高，彼此之间存在较强的相互依赖性。寡头企业在投融资决策上往往更加谨慎，会综合考虑行业发展趋势、竞争对手动向等因素，力求在稳健经营的基础上把握战略机遇。同时，寡头企业间的竞争不仅体现在产品和服务上，也体现在资本运作和投资布局上。通过并购重组、产业链延伸等资本运作手段，寡头企业可以实现快速扩张和规模效应，进一步巩固其市场地位。

四、投融资决策的金融学原理

（一）风险与收益权衡

在金融市场中，风险与收益是一对密不可分的孪生兄弟。投资者在追逐高额回报的同时，也不得不承担相应的风险。因此，如何在风险与收益之间取得平衡，成为每一个理性投资者必须面对的课题。而金融市场的运行规律，为企业的投融资决策提供了重要的参考和指引。

现代金融理论认为，风险与收益之间存在着正相关关系，即高风险对应高收益，低风险对应低收益。这一理论在金融市场的长期实践中得到了验证。那些能够承担更高风险的投资品种，如股票、期货等，往往能够获得更高的平均回报率；而风险相对较低的投资品种，如国债、银行存款等，其收益率也相对较低。这启示我们，企业在制定投融资决策时，需要根据自身的风险承受能力和收益目标，选择恰当的融资方式和投资项目。

风险偏好是影响投资者行为的重要因素。不同的投资者有不同的风险偏好，这决定了他们在风险与收益的权衡中作出不同的选择。风险厌恶型投资者追求稳健，倾向于选择风险较低的投资品种；风险中性型投资者对风险与收益持客观态度，主要关注投资的期望收益率；而风险偏好型投资者则更加青睐高风险高收益的投资机会。因此，企业在进行投融资决策时，要充分考虑决策者的风险偏好特征，以确保决策与企业的整体风险管理策略相一致。

资本资产定价模型（CAPM）是现代金融学的一个里程碑，它为理解风险与收益的关系提供了理论框架。根据 CAPM，一项投资的期望收益率由无风险收益率和风险溢价两部分组成，而风险溢价又取决于投资的系统性风险（通常用β系数衡量）。β系数越高，意味着投资的系统性风险越大，投资者就会要求更高的风险溢价作为补偿。这一理论对企业的投融资实践具有重要的指导意义。企业在评估投资项目时，需要估算其β系数，并据此确定合理的资本成本和收益要求。

有效市场假说认为，在一个有效的金融市场中，证券价格能够充分反映所有相关信息，投资者无法通过主动管理获得超额收益。尽管有效市场假说存在一定局限性，但它对投融资决策的启示是深远的。在较为有效的市场中，企业很难通过精选投资标的或把握市场时机“战胜市场”，获取超越平均水平的收益。相反，企业应该将注意力集中在自身的价值创造上，通过提升核心竞争力、改善经营管理来实现价值增长，而不是过度依赖投机性的投资行为。

风险分散是现代投资理论的基石。马科维茨的投资组合理论指出，通过持有多个风险资产，投资者可以有效降低非系统性风险，优化投资组合的风险收益特征。这一理论对企业的投融资决策具有重要启示。在投资实践中，企业应该注重投资的分散化，避免将鸡蛋都放在一个篮子里。通过合理配置不同行业、不同地域、不同类型的投资项目，企业可以有效地分散非系统性风险，提高投资组合的稳健性。同时，在融资方面，企业也应该采取多元化的融资渠道，避免过度依赖单一的资金来源。

（二）资本结构理论

资本结构理论是现代公司财务理论的重要组成部分，它从资本的角度研究企业价值和融资行为之间的关系。最早系统阐述资本结构理论的是莫迪利安尼和米勒，他们在 1958 年提出了著名的莫迪利安尼—米勒（MM）定理。该定理指出，在完全市场条件下，企业的资本结构与其市场价值无关，融资决策不会影响企业价值。然而，现实中并不存在如此理想的市场环境，企业在融资过程中会面临交易成本、税收、信息不对称等多种因素的影响。因此，后续理论在放松 MM 定理假设的基础上，从不同视角分析了资本结构对企业价值的影响机制。

权衡理论认为，企业在股权融资和债务融资之间进行权衡，以实现债务税盾收益和财务困境成本的均衡，从而达到企业价值最大化。一方面，债务融资能够享受税收优惠，产生税盾效应，提升企业价值；另一方面，过度负债又会增加财务风险，一旦现金流无法覆盖债务，企业可能陷入破产困境，面临沉重的违约成本。因此，权衡理论主张企业应根据自身禀赋条件，审慎确定债务水平，实现股债结构的动态优化。

优序融资理论则从信息不对称的角度阐释了企业的融资决策行为。该理论指出，由于管理层掌握的企业信息优于外部投资者，为了规避逆向选择风险，管理层在融资时会优先考虑成本最低的内源融资，其次是风险较低的债务融资，最后才是股权融资。这种融资顺序反映了信息不对称程度和融资成本之间的关系，体现了管理层对企业内在价值的判断。然而，这种“啄食次序”也可能导致企业资本结构背离最优状态，无法实现价值最大化。

股权市场时机理论强调，股权融资时机的选择是企业资本结构的重要影响因素。当股票市场估值较高时，管理层倾向于通过增发股票筹集资金；反之，当市场低估企业价值时，管理层则会回购股票或选择其他融资方式。这种行为反映了管理者对股票内在价值的判断，以及对市场错误定价的利用。通过把握股权融资时机，企业能够在股东与债权人之间实现利益的动态平衡，优化资本结构。

代理成本理论揭示了股东、债权人和管理层之间的委托代理关系对企业资本结构的影响。股东与管理层之间存在目标函数差异和信息不对称，可能诱发道德风险问题，如管理层过度投资、在职消费等。而债务融资在一定程度上能够缓解代理问题，对管理层形成监督和约束作用。但同时，债务融资又可能引发股东与债权人之间的代理冲突，如资产替代效应，加剧企业的财务风险。因此，代理成本理论认为，企业应权衡各方代理成本，选择恰当的资本结构安排，实现利益相关者的激励相容。

（三）市场效率假说的应用

高效市场假说是现代金融理论的重要基石之一，它为投融资决策提供了重要的理论支撑和实践指导。根据该假说，资本市场能够迅速、充分地反映所有相关信息，使得证券价格总是处于均衡状态，难以被市场参与者利用信息优势获得超额收益。这一假说对于企业投融资决策具有重要的启示意义。

高效市场假说意味着企业很难通过市场择时获得超额收益。如果资本市场是有效的，那么任何公开或私有信息都会被市场迅速消化，并反映到证券价格中。因此，企业难以通过对市场的判断来决定最佳的融资时机，从而获得低成本的资金。相反，企业应该根据自身的资金需求和财务状况，选择适合自己的融资方式和时间，而不是过度关注市场的波动。

高效市场假说强调信息披露的重要性。根据该假说，投资者会对企业的各种信息做出理性反应，并据此做出投资决策。因此，企业应该重视自身信息的披露质量，确保所披露的信息真实、准确、完整、及时。高质量的信息披露不仅有助于提高企业在资本市场的认可度，更能够降低企业的融资成本。相反，如果企业的信息披露存在问题，就可能误导投资者，损害企业的市场形象，甚至引发法律风险。

高效市场假说为企业的投资决策提供了重要参考。如果资本市场是有效的，那么证券的价格就能够充分反映其内在价值。企业在进行投资决策时，可以参考证券的市场价格，评估投资标的的价值和风险。当然，这并不意味着企业可以完全依赖市场价格进行投资，而是要结合自身的风险偏好、投资策略等因素，做出审慎的决策。毕竟，市场的有效性是一个相对概念，短期内可能存在一些无效现象。

高效市场假说对企业风险管理提出了更高要求。在有效市场中，企业面临的各种风险都会被迅速识别和定价。这意味着，企业需要建立完善的风险管理体系，及时识别、评估和应对各种风险。同时，企业还应该重视风险的披露，让投资者充分了解企业面临的风险状况，以便做出理性的投资决策。只有建立在充分风险披露基础上的融资，才是真正意义上的低成本融资。

第二节　企业投融资决策的基本原则

一、安全性原则

（一）风险评估与控制

风险评估和控制是企业投融资决策中不可或缺的关键环节。企业进行投资和融资活动时，必须时刻警惕潜在的风险，并采取有效措施加以控制，才能确保资金安全和项目成功。这就要求企业管理者具备敏锐的风险意识和专业的风险管控能力，能够全面识别、科学分析、精准评估投融资活动中的各类风险，制定切实可行的风险防范策略。

从风险识别的角度来看，企业投融资活动面临着多方面的不确定性。首先是市场风险，包括利率、汇率、股票价格等金融市场要素的波动，以及市场需求、竞争格局、技术更迭等经营环境的变化。其次是信用风险，即交易对手无法履行合同义务而给企业造成损失的可能性，如债务人违约、供应商延迟交货等。再次是操作风险，源于企业内部流程、人员、系统的缺陷或外部事件的冲击，如工程质量问题、员工舞弊、信息系统故障等。此外还有法律风险、声誉风险、道德风险等。管理者必须对这些风险保持高度敏感，及时捕捉风险信号，才能为后续的风险分析与评估奠定基础。

在风险分析和评估阶段，企业要运用科学的方法和工具，对识别出的风险逐一“画像”。一方面，要分析每种风险发生的可能性和影响程度，判断其对投融资项目乃至整个企业的危害性。可以运用情景分析、压力测试等技术，模拟风险事件发生时的各种情形，评估其对企业现金流、资产负债、盈利能力等方面的冲击。另一方面，还要探究风险发生的内外部原因，揭示风险之间的关联性和传导机制。通过因果分析、关联分析等方法，厘清风险的成因、传导路径和影响范围，有助于找准风险防控的突破口。只有在全面分析和准确评估的基础上，企业才能对风险作出恰如其分的判断和应对。

风险控制是投融资决策的最后一道防线，对保障企业资金和项目安全具有决定性意义。针对分析评估出的重大风险，企业要制定周密的风险管控方案。一是通过完善内部控制，堵塞风险漏洞。要建立健全覆盖投融资各环节的控制制度和流程，明确授权审批、职责分工、稽核监督等机制，并嵌入必要的制衡约束，形成从决策、执行到监督的“三道防线”。二是合理运用风险对冲工具。针对难以完全规避的风险，如利率、汇率等市场风险，可利用期货、期权、互换等衍生工具进行套期保值，将风险敞口控制在可承受范围内。三是适度分散和转移风险。可通过投资组合优化、融资方式多元化等策略，分散风险。对于超出企业风险承受能力的项目，可采取联合投资、引入战略投资者、购买保险等方式转移部分风险。四是建立风险预警机制。要持续跟踪监测关键风险指标，及时发现风险水平的异常变动，启动应急预案，确保风险可控、可承受。

（二）投融资决策的风险管理

企业在进行投融资决策时，风险管理应贯穿于整个决策过程，成为决策不可或缺的重要组成部分。风险管理的目标是识别、评估和控制可能导致投融资活动失败或造成损失的不确定性因素，从而最大限度地降低风险，确保投融资活动的安全性和有效性。

在投融资决策过程中，企业面临着多种类型的风险，如市场风险、信用风险、流动性风险、操作风险等。市场风险源于利率、汇率、股票价格等市场要素的不利变动；信用风险源于借款人或交易对手无法履行合同义务；流动性风险源于企业无法以合理成本及时获得充足资金；操作风险则源于内部流程、人员、系统的不完善或失误。这些风险错综复杂，相互交织，如果处理不当，极易引发连锁反应，给企业造成巨大损失。

为了有效地管理投融资决策中的风险，企业需要建立一套科学、系统的风险管理框架和流程。首先，企业要根据自身特点和外部环境，确定可以承受的风险水平，制定明确的风险偏好和风险容忍度。这是开展风险管理的基础和前提。其次，企业要全面识别和评估投融资活动中的各类风险，运用定性和定量的方法，分析风险发生的可能性及其潜在影响，判断风险的严重程度。再次，企业要针对识别出的风险，制定相应的应对策略和控制措施。对于可以接受的风险，企业可以采取风险自留的方式；对于超出承受能力的风险，企业则需要通过风险规避、风险转移、风险对冲等手段来化解和控制。同时，企业还要加强风险监测，密切关注内外部环境的变化，及时调整风险管理策略。

在具体的风险管理实践中，企业可以运用多种工具和方法。例如，在投资项目决策时，企业可以运用敏感性分析、情景分析、蒙特卡罗模拟等技术，全面评估项目在不同假设条件下的风险和收益，优化投资方案；在融资决策时，企业可以通过资产负债管理、期限匹配等手段，控制债务水平和期限结构，降低财务风险；在衍生品运用方面，企业可以利用远期、期货、期权、互换等工具，对冲汇率、利率、商品价格的波动风险。企业还应重视内部控制和风险文化建设，完善治理结构、业务流程和风险管理制度，培养全员的风险意识和责任意识。

二、流动性原则

(一) 现金流量管理

现金流量管理是企业投融资决策中流动性原则的核心内容，它通过合理规划和控制现金流入和流出，确保企业有足够的流动资金来应对日常运营和突发事件。现金流量管理的目标是在保证企业正常运转的同时，最大限度地提高资金使用效率，降低资金成本，防范流动性风险。

有效的现金流量管理需要企业建立完善的现金预算制度。通过编制年度、季度、月度的现金预算，企业可以预测未来一定时期内的现金流入和流出情况，及时发现可能出现的资金缺口或盈余，并采取相应措施加以应对。现金预算的编制应当以企业的生产经营计划为基础，综合考虑销售回款、采购付款、税费缴纳、投资支出等各项因素，力求做到全面、准确、及时。同时，现金预算还应当留有一定的弹性空间，以应对市场变化和突发事件带来的不确定性。

在日常运营中，企业应当加强对应收账款和存货的管理，提高资金周转速度。对于应收账款，企业要建立严格的信用管理制度，对客户的信用状况进行评估，合理确定信用额度和付款期限。对于逾期账款，要及时催收，必要时可采取法律手段维护企业权益。对于存货，企业要根据生产经营需要，科学制订采购计划和库存管理制度，减少不必要的库存占用，提高存货周转率。

企业还应当注重与银行等金融机构的合作，建立稳定的融资渠道。通过银行贷款、发行债券等方式，企业可以获得长期、低成本的资金支持，满足生产经营和投资活动的需要。同时，企业也要合理利用票据、保理等供应链金融工具，盘活应收账款和存货等资产，缓解资金压力。

在资金调度方面，企业要建立集中管理、统筹调配的资金管理模式。通过设立资金集中管理平台，企业可以实现对各部门、各项目资金的统一调度和监控，提高资金使用效率，防范资金挪用和浪费。对于暂时闲置的资金，企业可以开展现金管理，投资于低风险、高流动性的理财产品，在确保安全性的前提下获得一定的收益。

面对突发事件，如金融危机、自然灾害等，企业更需要做好现金流量管理，提升抗风险能力。一方面，企业要加强风险预警，密切关注宏观经济形势和行业动态，及时调整经营策略和投资计划。另一方面，企业要建立应急预案，准备充足的现金储备，必要时可通过银行贷款、股权融资等方式补充流动性。

现金流量管理是一项系统工程，需要企业各部门通力合作，形成合力。财务部门要发挥牵头作用，加强与业务部门的沟通协调，及时掌握销售、采购、投资等活动的资金需求。同时，财务部门还要加强对各项资金收支的监督和分析，动态优化资金配置，提高资金使用效益。

（二）融资活动与流动性维持

企业在选择融资方式时，需要充分考虑资金的周转性和偿还能力，以维护自身的流动性平衡。流动性是企业正常运营和持续发展的重要保障，它反映了企业短期内偿还到期债务的能力。而融资活动作为企业资金来源的重要途径，其方式的选择直接关系到企业现金流和流动性的稳定。

短期融资工具如商业信用、银行贷款等，可以快速补充企业的流动资金缺口，满足日常经营的资金需求。但同时，它们也带来了较大的偿债压力，企业需要在短时间内筹集足够的资金偿还到期债务。如果企业过度依赖短期融资，而现金流入不足以覆盖债务支出，就会陷入流动性困境，甚至面临破产的风险。因此，企业在利用短期融资工具时，必须审慎评估自身的现金流状况和债务负担能力，确保借款规模与实际需求相匹配，避免资金链断裂。

长期融资工具如股权融资、债券发行等，可以为企业提供稳定的中长期资金来源。这些融资方式的偿还期限较长，给予了企业更充裕的资金使用和周转时间，有利于缓解短期偿债压力。但长期融资也意味着更高的融资成本和对企业经营的长期影响。以股权融资为例，企业需要以放弃部分所有权和控制权为代价，引入新的股东参与公司治理，这对创始人和管理层提出了更高的要求。因此，企业在选择长期融资方式时，必须平衡资金需求、融资成本和控制权之间的关系，选择最契合自身发展战略的融资路径。

在实际融资决策中，企业还需要关注融资方式与资金用途的匹配性。通过短期融资获得的资金，应主要用于企业经营周期内的流动资产投资，如原材料采购、产品生产和存货销售等。而长期融资的资金则应投向企业的长期资本性支出，如固定资产购建、研发投入和战略并购等。如果企业的资金用途与融资期限严重错配，如利用短期借款进行长期项目投资，就会造成资金错配风险，进一步加剧企业的流动性压力。

企业还应根据自身的行业特点和发展阶段，灵活选择融资方式组合。不同行业的经营模式和现金流特点差异显著，对资金的需求也各不相同。如重资产型企业可能更倾向于长期债务融资，而轻资产型企业则更适合股权融资。而处于初创期的企业通常难以获得银行贷款支持，更多依赖于创业投资和风险投资的股权融资。随着企业的不断成长，其融资渠道也日趋丰富，可以根据不同阶段的资金需求，优化融资方式组合，实现股债平衡，防范流动性风险。

保持良好的资信状况和充足的现金储备，是企业维护流动性平衡的重要手段。一方面，企业应加强应收账款管理，提高资金周转率，确保经营活动现金流的充裕；另一方面，企业还应合理控制财务杠杆，优化资本结构，提高直接融资比例，降低对间接融资的依赖。同时，企业还应建立完善的现金流预算和风险管理制度，提高资金使用的计划性和预见性，做好流动性应急预案，提升抵御流动性冲击的能力。

三、匹配性原则

（一）资金的期限匹配

资金的期限匹配强调企业在进行投资时，应当确保投资项目的资金期限与融资来源的期限相匹配，避免因期限错配而带来的财务风险。这一原则的核心在于平衡企业的资金供需，实现投资与融资的动态均衡，保障企业的资金链安全，维护企业财务的稳健运行。

从投资的角度来看，不同的投资项目对资金期限的要求差异较大。一般而言，短期投资项目如原材料采购、产品销售等，其资金周转速度较快，对长期资金的需求较小；而长期投资项目如固定资产购建、研发投入等，则需要长期、稳定的资金来源作为支撑。因此，企业在选择投资项目时，必须充分考虑项目的资金需求特点，合理安排资金的使用计划。

从融资的角度来看，企业通常可以通过多种渠道获得所需资金，如银行贷款、股权融资、债券发行等。不同融资方式的资金期限和成本存在较大差异。短期借款如银行流动资金贷款，期限较短但利率相对较高；长期借款如银行项目贷款，期限较长但利率相对较低；股权融资可以为企业提供长期资金，但潜在的股权稀释风险不容忽视；债券发行能够锁定长期资金成本，但发行条件相对严格。面对复杂多样的融资选择，企业必须充分权衡各种融资方式的优缺点，结合自身资金需求和财务状况，优选最佳的融资组合。

资金期限匹配的意义主要体现在两个方面。一方面，它有助于降低企业的财务风险。如果企业过度依赖短期借款来支持长期投资，一旦经济环境或经营状况发生变化，短期借款无法续贷，极易引发资金链断裂，陷入财务危机。反之，如果企业过度使用长期借款来支持短期营运，则可能承担过高的资金成本，影响盈利水平。只有实现投资期限与融资期限的合理匹配，才能在保证资金供给的同时，有效地控制财务风险，实现财务管理的优化。另一方面，资金期限匹配有利于提高企业的资金使用效率。当企业的投资规模、期限与融资能力相适应时，资金在投资项目中能够得到充分利用，实现投入产出的良性循环。相反，如果资金期限错配，则可能出现资金闲置或资金短缺的现象，既影响投资项目的顺利实施，又造成资金使用效率的低下。只有通过动态平衡投资需求与融资供给，合理匹配资金期限，才能最大限度地发挥资金的使用效能，实现投资效益的最优化。

资金期限匹配在企业投融资决策中的运用需要把握以下几点：首先，深入分析投资项目的资金需求特点，科学预测资金的投入规模和使用进度，为制定融资方案提供依据。其次，全面评估各种融资渠道的期限结构和资金成本，选择与投资项目相匹配的融资组合，控制期限错配风险。再次，加强投融资计划的动态管理，根据投资进度和资金状况适时调整融资安排，保持资金供需的动态平衡。最后，建立完善的风险管控机制，对投资项目和融资活动进行全程监控，及时发现和化解期限错配风险，确保投融资活动的平稳运行。

（二）投融资项目与企业战略匹配

投融资项目的选择与企业整体战略的匹配程度，直接影响着企业能否实现长期稳定发展的目标。在制定投融资决策时，管理者需要从战略的高度出发，综合考虑项目的盈利能力、风险程度、资源配置等因素，确保其与企业的发展方向和核心竞争力相一致。这不仅有助于提高资金使用效率，降低投资风险，更能为企业的可持续发展提供坚实保障。

战略匹配性原则要求企业在选择投融资项目时，必须立足自身的资源禀赋、市场地位和发展阶段，制定切实可行的投资计划和融资方案。对于处于成长期的企业而言，投资方向应侧重于开拓新市场、研发新产品，选择那些能够带来长期稳定现金流、提升核心竞争力的项目。而对于进入成熟期的企业来说，投资重点则应转向产业链延伸、兼并收购等领域，通过横向或纵向一体化战略巩固行业地位，实现规模经济效应。同时，企业还应根据自身的资本结构和负债水平，权衡股权融资和债务融资的比例，确保融资方式与发展战略相匹配。

在具体操作层面，企业可以运用各种战略分析工具，如SWOT分析、波士顿矩阵等，全面评估投融资项目的战略适配性。以某家电企业为例，该公司拟通过发行股票募集资金，投资建设智能家电生产线。管理层在进行可行性论证时，重点分析了项目与公司发展战略的匹配度：一方面，智能家电代表着行业的发展方向，有助于企业抢占市场先机，培育新的利润增长点；另一方面，公司在智能控制、大数据分析等领域已有较深厚的技术积累，具备相应的研发和生产能力。因此，该项目不仅符合企业的战略发展方向，也能够发挥其现有资源优势，具有较高的投资价值。

战略匹配并非一成不变，而应根据内外部环境的变化进行动态调整。企业应建立完善的投融资决策机制，定期评估项目的执行情况和实际效果，及时优化资源配置，必要时果断止损退出。同时，还要加强与投资者、债权人的沟通，充分披露信息，提高决策的透明度，争取各方的理解和支持。只有在战略指引下，不断优化投融资组合，企业才能在复杂多变的市场环境中立于不败之地。

四、灵活性原则

（一）投融资灵活应变

投融资灵活应变是企业面对瞬息万变的市场环境时必须具备的关键能力。在当今竞争激烈的商业环境中，企业需要及时把握市场机遇，快速调整投融资策略，方能在复杂多变的局势中立于不败之地。这就要求企业管理者具有敏锐的洞察力和果断的决策力，能够根据市场形势的变化灵活调整投融资方案，抓住有利时机，规避潜在风险。

灵活的投融资决策需要建立在全面、准确的信息基础之上。企业要密切关注宏观经济形势、行业发展动向、技术创新趋势等外部环境因素，深入分析其对企业投融资活动的影响。同时，企业还需要对内部资源状况、财务绩效、发展规划等进行系统评估，为投融资决策提供可靠依据。只有充分了解内外部环境，企业才能科学预判市场变化，及时调整投融资策略。

灵活的投融资决策需要突破固有思维模式，勇于创新。传统的投融资方式，如银行贷款、股权融资等，虽然行之有效，但在快速变化的市场环境中往往显得过于僵化。企业要主动拥抱新兴的投融资工具，如供应链金融、资产证券化、众筹等，充分利用互联网、大数据等新技术带来的机遇，开拓多元化的融资渠道。同时，企业还要积极探索创新的投资模式，如战略联盟、兼并收购、风险投资等，通过与其他企业的合作实现优势互补，分散投资风险。

投融资决策的灵活性还体现在对风险的管理能力上。市场变化带来机遇的同时也隐含着风险，尤其是在经济下行期，企业更需要未雨绸缪，做好风险防范。这就要求企业建立完善的风险管理体系，通过对投融资项目的尽职调查、风险评估等，及早识别和量化潜在风险，并制定相应的应对预案。同时，企业还要合理运用金融衍生工具，如期货、期权等，对冲市场风险，提高投融资活动的稳健性。

投融资决策的灵活性离不开高素质的管理团队。企业领导者要具备前瞻性思维和战略眼光，能够准确把握市场发展大势，制定符合企业实际的投融资规划。同时，管理者还要勇于承担责任，敢于在关键时刻作出果断决策，带领企业抓住稍纵即逝的市场机遇。管理团队还要具备良好的沟通协调能力，能够在投融资决策执行过程中有效协调各方利益，凝聚内外部资源，形成合力。

（二）利用金融衍生工具增强灵活性

在企业投融资决策的过程中，运用金融衍生工具进行风险对冲和增强灵活性已成为一种重要的手段。金融衍生工具，如期权、期货等，其价值取决于一项或多项基础资产或指数的价值。企业可以利用这些工具，在不改变原有投融资计划的基础上，对冲市场风险，锁定未来现金流，提高资金运作效率。

在利用金融衍生工具进行风险对冲时，企业需要首先识别和评估面临的市场风险，如利率风险、汇率风险、商品价格风险等。通过对风险敞口的分析，企业可以选择与之相匹配的衍生工具，如利率互换、外汇远期、商品期货等，建立起对冲头寸。当市场出现不利变动时，衍生工具的盈利可以抵销企业在标的资产上的损失，从而达到风险中和的效果。这种对冲策略有助于企业稳定经营业绩，降低财务波动性，提升抗风险能力。

除了风险对冲，金融衍生工具还能为企业投融资活动提供更大的灵活性。例如，企业可以利用期权工具，在未来某个时点以约定价格购买或出售标的资产，从而在不确定性较高的市场环境中获得更多的决策弹性。又如，企业可以通过结构化衍生产品的设计，根据自身需求定制投融资方案，优化资本结构，降低融资成本。这种灵活性使得企业能够及时把握市场机会，调整投融资策略，实现资金的高效配置。

金融衍生工具的运用也存在一定的风险和挑战。首先，衍生工具本身的复杂性和杠杆性可能放大潜在损失。其次，对冲策略的有效性依赖于企业对市场趋势的准确判断和对风险的充分认识。最后，衍生工具的会计处理和税务影响也需要专业的知识和谨慎的操作。因此，企业在运用金融衍生工具时，必须建立完善的风险管理体系，制定明确的操作规程，加强内部控制和人才培养，确保衍生工具的运用符合企业的整体战略和风险承受能力。

第三节　企业投融资决策的影响因素

一、宏观经济因素

（一）经济增长率与企业投融资决策

宏观经济环境是影响企业投融资决策的重要外部因素之一。其中，经济增长率的高低对企业经营状况和未来收益预期有着直接而深远的影响。当经济增长率较高时，社会总需求旺盛，企业产品和服务面临着广阔的市场空间。在此背景下，企业往往倾向于扩大生产规模，加大固定资产投资力度，以抢占更多市场份额，实现快速发展。同时，经济高速增长也意味着企业未来收益预期看好，投资回报率较高，这进一步激发了企业的投资热情。反之，当经济增长放缓甚至陷入衰退时，社会总需求不足，企业产品和服务的市场空间受到挤压。在此情况下，企业往往采取谨慎的投资策略，控制固定资产投资规模，以降低经营风险。与此同时，经济增长乏力也预示着企业未来收益前景暗淡，投资回报率下降，企业扩张的动力明显减弱。

经济增长率的变化不仅影响企业投资决策，也深刻作用于其融资行为。通常情况下，经济高速增长阶段，社会财富快速积累，金融市场活跃，企业外源融资渠道较为通畅。无论是通过银行贷款、股权融资还是债券发行等方式，企业都能以相对较低的成本获得充裕资金，为扩大再生产提供有力支撑。相反，当经济增速放缓时，社会财富增长乏力，金融市场趋于冷清，企业外源融资难度加大。银行出于风险管理考虑，往往收紧信贷政策，提高贷款门槛；股票市场低迷，企业股权融资成本攀升；债券发行也面临投资者信心不足的困境。在此背景下，企业不得不压缩融资规模，寻求以内源融资为主的思路。

经济增长率高低还通过影响企业经营业绩，间接作用于其投融资决策。在经济快速增长阶段，企业产销两旺，营业收入和利润水平稳步提升，资产负债率保持在合理区间，经营性现金流充裕。良好的财务状况一方面为企业资本支出提供了雄厚基础，另一方面也增强了其融资能力和融资意愿。反之，经济增速下行期，企业经营业绩恶化，营收和利润大幅缩水，负债率攀升，经营性现金流紧张。财务状况的恶化使企业投资能力受限，同时也提高了其融资成本和违约风险。在此情况下，企业不得不采取收缩投资、控制负债规模的应对之策。

宏观经济波动还通过引起行业景气度变化，对不同行业企业的投融资决策产生差异化影响。一般而言，经济增长率上升期，基础原材料、机械设备、基础设施建设等行业率先受益，其投融资需求明显上升；消费品制造业、房地产业等行业随后受益，投融资活动相应活跃；而经济增速下行期，上述行业投融资意愿则出现先后回落。与此同时，必需消费品行业、公用事业等受经济周期影响较小，其投融资决策相对稳定。

宏观经济环境的变化，深刻作用于企业对未来收益的预期、投融资的难易程度、自身经营业绩状况以及所处行业的景气度，进而影响其投融资决策行为。因此，准确把握经济增长态势，科学预判宏观经济走势，是企业制定投融资决策的重要前提。

（二）利率变动与融资成本

利率水平的变动对企业融资成本和投融资决策有着重要影响。当利率处于较低水平时，企业面临的债务融资成本相对较低。这意味着企业可以以更低的资金成本获得银行贷款或通过发行债券等方式筹集资金。较低的融资成本不仅能够减轻企业的财务负担，还能为企业扩大再生产、进行新项目投资创造有利条件。在这种情况下，企业往往更倾向于通过负债方式来满足资金需求，提高杠杆比率，以期获得更高的投资回报。相反，当利率水平较高时，企业债务融资的成本也随之上升。面对高企的借贷成本，许多企业可能会减少债务融资的比例，转而寻求股权融资或内部融资等成本较低的方式。这是因为过高的利率水平会侵蚀企业的利润空间，增加财务风险，甚至可能威胁到企业的生存和发展。因此，企业在制定投融资决策时，必须审慎评估利率变动对资金成本和现金流的影响。

利率水平的变化还会影响企业投资项目的可行性和盈利前景。一般而言，利率上升会提高投资项目的资本成本，降低其净现值和内部收益率，使得某些原本可行的项目变得不再经济。相反，利率下降则会扩大投资项目的盈利空间，为企业创造更多的投资机会。因此，企业在进行投资决策时，需要对项目的现金流进行敏感性分析，评估不同利率情景下的投资回报和风险水平，以做出最优决策。

利率变动还会通过影响宏观经济环境和市场需求，间接地作用于企业的投融资行为。例如，当利率处于较低水平时，往往意味着宽松的货币政策和较强的经济增长动力。在这种环境下，企业面临的市场需求较为旺盛，投资回报前景较好，因而有更强的动机进行扩张性投资。反之，当利率水平较高时，通常预示着紧缩的货币政策和疲软的经济增长。在这种情况下，企业可能面临市场需求萎缩、经营压力加大的局面，因而在投资决策上趋于谨慎保守。

利率变动对不同行业、不同规模企业的影响存在差异性。对于资本密集型行业和中小企业而言，融资成本在其总成本中占比较高，利率变化对其投融资决策的影响更为敏感和显著。而对于资金需求较少或内部现金流充裕的行业和企业，利率变动的影响则相对有限。

企业必须密切关注利率走势，深入分析利率变化对融资成本、投资回报和市场环境的影响，并结合自身的行业特点、财务状况和发展战略，及时调整投融资策略，作出审慎、科学的决策。只有在动态的利率环境中不断优化资本结构、改善资金配置，企业才能控制财务风险，实现可持续发展。这对于企业管理者和决策者而言，既是一项重要挑战，也是一项必修课。

二、行业特征因素

（一）行业发展周期与投资利润率

行业发展周期理论认为，每个行业都会经历导入期、成长期、成熟期和衰退期四个阶段。在不同的发展阶段，行业的市场规模、竞争格局、技术水平等特征都会发生显著变化，这些变化会直接影响企业的投资收益。对企业而言，深入分析所处行业的发展周期，准确把握各阶段的投资机会和风险，是制定科学投资决策的关键。

导入期是行业发展的起步阶段，这一时期市场规模较小，产品或服务的应用范围有限。由于行业标准尚未建立，企业在技术路线选择上存在较大不确定性。同时，由于缺乏成熟的商业模式，企业往往难以实现规模化运营和盈利。因此，导入期的企业投资风险较高，但如果能够抢占先机、引领行业发展，则有望获得丰厚回报。对于投资者而言，在导入期投资需要具备前瞻性眼光和风险承受能力，同时要重点关注企业的技术实力和创新能力。

随着行业的不断发展，它会逐步进入成长期。这一阶段的显著特点是市场需求快速增长，行业规模不断扩大。企业通过持续的技术创新和产品迭代，不断满足消费者的多样化需求。与此同时，行业内部的竞争日益激烈，市场份额向优势企业集中。对于投资者而言，成长期蕴藏着巨大的投资机会。一方面，行业快速发展将带来可观的投资回报；另一方面，通过对优质企业的选择性投资，可以分享行业整体增长的红利。然而，成长期的企业估值往往较高，投资者需要审慎评估企业的成长性和竞争优势，以免陷入估值陷阱。

当行业增长放缓，进入相对稳定的发展阶段时，则意味着行业已步入成熟期。这一时期的行业规模庞大，市场趋于饱和，企业间的竞争更加激烈。行业整体增速放缓，企业更加注重成本控制和运营效率的提高。对于投资者而言，成熟期的投资收益相对有限，但投资风险也相应降低。这一阶段更适合价值型投资策略，关注企业的盈利能力、现金流状况和股息水平。通过对行业龙头企业的长期投资，可以获得稳健的投资回报。

当新的替代性产品或服务出现，行业现有格局难以为继时，行业就会进入衰退期。这一阶段的显著特征是市场规模持续萎缩，消费者需求不断流失，行业整体走向下坡路。企业往往面临激烈的价格战，盈利水平显著下降。对于投资者来说，衰退期是风险最高的阶段，这一时期的企业股价往往处于低位，投资价值有限。投资者应当果断退出衰退行业，将资金转移至其他前景更为光明的领域。

（二）行业竞争强度与融资渠道选择

在竞争日益激烈的市场环境下，企业面临着更大的生存压力和发展挑战，对资金的需求也日益增加。然而，不同行业的竞争状态差异显著，这就导致了企业在选择融资方式时呈现出一定的行业特征。

对于竞争较为缓和的行业，如垄断性行业或者市场集中度较高的行业，企业往往拥有较强的议价能力和风险抵御能力。在这种情况下，企业可以相对容易地获得银行贷款等间接融资，借助自身良好的信用基础和稳定的现金流，以较低的成本满足资金需求。同时，这类企业也更倾向于选择债券融资等直接融资方式，通过发行企业债券、公司债券等方式募集长期资金，优化资本结构。

相比之下，在竞争激烈的行业中，企业面临着更大的不确定性和风险。激烈的市场竞争加剧了企业的生存压力，导致其现金流趋于不稳定，信用风险上升。在这种情况下，银行等金融机构往往会收紧对这类企业的贷款，提高贷款审核标准和要求更多的抵押担保，这无疑增加了企业的融资难度和融资成本。为了应对融资困境，这些企业往往更倾向于选择股权融资等方式，通过引入战略投资者、财务投资者等，以获得急需的资金支持。

行业竞争状态还会影响企业对不同融资方式的偏好。在竞争较为缓和的行业，企业往往更看重融资的稳定性和可持续性，倾向于选择能够提供长期、稳定资金来源的融资方式，如银行贷款、债券融资等。而在竞争激烈的行业，企业则更加注重融资的灵活性和时效性，青睐那些能够快速获得资金、不附加过多限制条件的融资渠道，如股权融资、风险投资等。

行业竞争强度对企业融资渠道选择的影响是动态变化的。随着行业竞争格局的变化，企业的融资需求和融资环境也会发生相应的改变。例如，当行业处于快速成长期，市场前景广阔时，风险投资者、创业投资者等会更多地关注这一领域，为企业提供更多的股权融资机会。而当行业进入成熟期或衰退期，竞争日益激烈时，银行贷款、债券融资等传统融资方式可能会再度成为企业的主要选择。

三、技术创新因素

（一）新技术研发与投资风险评估

新技术研发过程中的不确定性给企业投资决策带来了巨大挑战。一方面，新技术的开发需要大量的资金投入，且研发过程往往伴随着高风险和高失败率。企业需要在技术可行性尚不明朗的情况下做出投资决策，这无疑增加了决策的复杂性和风险性。另一方面，新技术的市场前景也充满不确定性。即使技术研发最终取得成功，产品能否被市场接受、能否实现商业化应用，都需要经过市场检验。这些不确定因素都给企业的投资回报预期带来了极大变数。

面对新技术研发的不确定性，企业需要建立完善的风险评估和管理机制。首先，企业应该组建由技术、市场、财务等多部门专业人员组成的项目评估小组，全面评估新技术项目的可行性和风险性。评估过程中，既要考察技术本身的先进性、可实现性，也要深入分析市场需求、竞争格局、政策环境等外部因素。其次，企业需要合理配置研发资源，采取分阶段投入的策略，避免盲目投资和资金浪费。在研发的关键节点，要及时评估技术突破的可能性和后续投入的必要性，必要时要果断叫停项目，防范风险进一步扩大。再次，企业要加强知识产权保护，通过申请专利等方式，为新技术产品的未来商业化应用提供制度保障。最后，企业要提高市场响应速度，密切关注行业动态和用户反馈，及时调整产品功能和定位，确保新技术产品符合市场需求。

新技术研发还要处理好与企业发展战略的关系，既要体现前瞻性和引领性，又要与企业现有的资源禀赋和竞争优势相匹配。一方面，企业要紧跟行业技术发展趋势，主动布局前沿技术研发，通过新技术的应用提升核心竞争力。特别是在行业转型升级、技术迭代加快的大背景下，拥抱新技术已经成为企业生存发展的必然选择。另一方面，企业在选择新技术研发方向时，也要考虑自身的资源约束和比较优势。盲目跟风投资热门技术领域，而忽视企业在人才、技术、市场等方面的储备和基础，容易陷入"伪创新"和同质化竞争的困境。因此，企业要立足自身禀赋，选择最契合企业发展需要、最能发挥自身优势的技术赛道，避免在多个技术方向上分散资源、不得要领。

新技术研发还需要营造良好的组织氛围和创新文化。技术创新本质上是一种智力探索活动，需要宽松自由的环境和持续不断的动力。一方面，企业要为研发人员提供优越的工作条件和激励机制，包括具有竞争力的薪酬福利、灵活的考核奖励制度、畅通的晋升发展通道等，调动研发人员的积极性和创造性。另一方面，企业要营造鼓励创新、宽容失败的文化氛围。创新过程中的试错和失败在所难免，关键是要总结经验教训，维护研发团队的士气和热情。只有内外兼修，既为创新提供物质土壤，又营造良好的精神生态，企业的新技术研发才能真正焕发活力、实现突破。

(二) 创新驱动发展与融资需求

技术创新是推动企业发展的重要驱动力，它不仅影响企业的市场竞争力和盈利能力，更深刻地改变着企业的融资需求和融资结构。随着新技术的不断涌现和应用，企业对资金的需求日益增长，传统的融资渠道和方式已难以满足企业创新发展的要求。因此，深入分析技术创新如何驱动企业融资需求及其结构变化，对于企业制定科学的融资决策和实现可持续发展具有重要意义。

从融资规模来看，技术创新活动往往需要大量的资金投入。无论是基础研究、应用开发，还是成果转化和产业化，每个环节都离不开雄厚的资金支持。特别是对于高新技术企业而言，研发投入强度大，周期长，风险高，更需要充足、持续的资金供给。这就要求企业拓宽融资渠道，提高融资规模，以满足创新活动的资金需求。同时，随着创新成果的不断涌现和应用，企业的业务规模和市场份额也会相应扩大，进一步带动融资需求的增长。可以说，技术创新与融资规模之间存在着正向促进的关系。

从融资结构来看，技术创新驱动着企业融资方式的多元化发展。传统的间接融资如银行贷款，往往难以完全满足创新型企业的融资需求。这是因为创新活动具有高风险、高不确定性的特点，而银行出于风险控制的考虑，对创新项目的贷款意愿较低。为了突破这一制约，企业往往需要通过股权融资等方式来获取资金支持。例如，风险投资、私募股权等都成为创新企业重要的融资来源。这些融资方式不仅能够提供资金，还能为企业带来管理经验、人才资源和市场渠道，有助于提升企业的创新能力和市场竞争力。

技术创新还促进了企业内源性融资能力的提升。一方面，创新成果的应用能够为企业带来新的利润增长点，提高其经营业绩和自我积累能力；另一方面，创新企业凭借其技术优势和发展前景，往往能够获得资本市场的青睐，通过上市、发行债券等方式直接筹集资金。这些内源性融资渠道的拓展，不仅缓解了企业对外部融资的依赖，也为其创新发展提供了更加稳定、可控的资金保障。

技术创新对企业融资的影响是一个动态演进的过程，不同发展阶段的融资需求和融资策略也有所差异。在创新的初始阶段，由于技术路线尚不明晰，市场前景难以判断，企业往往需要依靠创始人自有资金、天使投资等渠道来启动项目。而在研发阶段，企业对资金的需求大幅增加，风险投资、政府补贴等外源性融资开始发挥重要作用。待技术成果初步形成并进入产业化阶段后，企业的融资需求进一步扩大，这时股权融资、债券融资等 模化融资方式的比例会明显上升。同时，企业的融资成本也随之降低，融资期限更加灵活，有利于其长期、稳定发展。

四、外部环境因素

（一）政策环境变化与投融资机遇

政策环境的变化对企业投融资决策具有重大影响。在宏观经济政策、产业政策、财税政策等因素的综合作用下，企业面临着机遇与挑战并存的复杂局面。一方面，良好的政策环境能够为企业的投融资活动提供有利条件，如减税降费政策可以降低企业的财务成本，优惠的金融政策能够拓宽企业的融资渠道。另一方面，政策环境的不确定性也给企业的投融资决策带来了风险和不确定性，如货币政策的收紧可能导致融资成本上升，环保政策的趋严则可能增加企业的合规成本。

面对政策环境的变化，企业需要及时调整投融资策略，把握有利时机，规避潜在风险。具体而言，企业应该建立完善的政策环境分析和预警机制，密切关注政策动态，准确把握政策导向。同时，企业还需要提高自身的应变能力和风险管理水平，在投融资决策中充分考虑政策因素，制定灵活多变的应对方案。例如，在货币政策趋紧的情况下，企业可以通过发行债券、引入战略投资者等方式来优化融资结构，降低融资成本；在产业政策调整的背景下，企业可以及时调整投资方向，布局符合政策导向的新兴产业。

企业还应该积极参与政策制定和实施过程，通过行业协会、商会等平台表达诉求，争取政策支持。一些大型企业还可以通过政企合作、产学研结合等方式，参与重大项目建设，获得政策红利。例如，在"一带一路"倡议的推动下，许多企业积极参与共建国家的基础设施建设，不仅获得了投资机会，也赢得了政策支持和优惠措施。

企业在把握政策机遇的同时，也要增强风险意识，加强合规管理。一些企业盲目跟风，在缺乏充分论证的情况下盲目投资，导致资金链断裂，甚至面临破产的风险。还有一些企业为了获得政策优惠，铤而走险，违犯法律法规，最终受到严厉处罚。因此，企业在制定投融资决策时，必须在合法合规的前提下，结合自身实际情况，审慎选择投资项目和融资方式。

（二）市场不确定性与企业融资战略

面对市场不确定性，企业需要制定灵活、多元的融资战略，以应对外部环境的变化。市场不确定性主要体现在需求波动、竞争格局变化、技术进步等方面，这些因素都会对企业的现金流和盈利能力产生重大影响。在这种情况下，单一的融资渠道很难满足企业的资金需求，还可能加剧财务风险。因此，企业应该根据自身特点和市场环境，合理搭配多种融资方式，构建起稳健、可持续的融资体系。

企业应该重视内源融资，提高资金使用效率。通过优化经营管理，降低成本费用，企业可以增强内生现金流，减少对外部融资的依赖。同时，企业还应该加强应收账款管理，加快资金周转速度，盘活存量资产。这些措施不仅能够直接为企业提供资金支持，更能够提高企业的财务健康水平，增强其在资本市场的吸引力和议价能力。

企业应该拓宽融资渠道，优化负债结构。除了传统的银行贷款，企业还可以通过发行债券、商业信用等方式获得债务融资。与银行贷款相比，债券融资的期限更长、利率更稳定，有利于企业锁定融资成本，匹配长期投资项目。而商业信用则可以利用供应链上下游企业之间的信任关系，获得短期、低成本的资金支持。企业应该根据自身的资产负债结构和现金流状况，合理选择债务融资工具，避免过度依赖单一债权人，分散融资风险。

企业应该利用好资本市场，开展股权融资。对于成长性好、市场前景广阔的企业，上市融资是一条重要的资金来源渠道。通过IPO或增发，企业不仅可以获得长期、稳定的权益资本，还可以提升企业形象，吸引优秀人才。而对于尚未具备上市条件的企业，则可以考虑引入战略投资者或财务投资者，以私募股权融资的方式获得发展所需资金。在选择投资者时，企业应该重点考察其资源禀赋和产业协同效应，而不是单纯追求高估值。

企业还应该积极探索创新型融资模式。近年来，随着互联网金融的发展，众筹、P2P借贷、产业基金等新兴融资方式不断涌现。这些模式突破了传统金融的时空限制，为中小企业、初创企业提供了更加便捷、灵活的融资途径。企业应该密切关注金融科技领域的最新进展，主动拥抱创新，与新型金融机构开展合作，在合规的基础上充分利用新兴融资工具，为企业发展注入新的动力。

第二章　企业投资决策实践

第一节　投资项目选择与评估

一、项目筛选与初步评估标准

（一）筛选流程设计

项目筛选流程的科学设计是企业投资决策成功的关键。一个优秀的筛选流程能够帮助企业从众多备选项目中甄选出最具投资价值和发展潜力的项目，避免盲目决策带来的风险和损失。设计项目筛选流程需要考虑多方面因素，既要符合企业的战略目标和投资偏好，又要兼顾项目本身的市场前景、技术可行性、财务收益等客观条件。

明确筛选标准是设计筛选流程的首要任务。筛选标准应当包括定性和定量两个方面，既要评估项目的战略契合度、市场前景、技术先进性等定性因素，又要考察项目的财务指标如净现值、内部收益率、投资回收期等。制定标准时应当由企业高层领导、业务部门、财务部门等多方参与，集思广益，形成全面、客观、可操作的评判尺度。同时，要根据企业所处的行业特点、市场环境、自身条件等因素，对筛选标准进行动态调整和优化。

在明确筛选标准的基础上，要进一步细化筛选流程的各个环节和步骤。一般来说，筛选流程可以分为初筛、复筛、尽职调查、决策几个阶段。初筛阶段主要根据项目的基本情况进行粗略筛选，重点考察项目是否符合企业的投资方向和要求。复筛阶段则进行更加全面、深入的分析和评估，除了考察项目的市场、技术、财务等方面的可行性，还要评估项目的风险、不确定性因素。尽职调查阶段需要对拟投资项目开展深入细致的现场考察和资料核查，全面了解项目的真实情况和潜在风险。决策阶段则由企业决策层基于前期调查和评估结果，权衡利弊，做出最终投资决定。

筛选流程的各个环节不是简单的线性关系，而是一个动态迭代、相互影响的过程。前一环节的筛选结果会对后续环节产生重要影响，后一环节的深入调查评估也可能推翻或修正前期的判断。因此，在筛选流程的设计中，要注重各环节之间的衔接配合和信息反馈，确保决策的科学性和有效性。同时，还要建立健全的风险评估和控制机制，对筛选过程中识别出的风险因素提出应对预案，最大限度地规避和控制投资风险。

（二）初步财务评估标准

企业在评估投资项目的经济可行性时，需要重点关注一些关键的财务指标。这些指标能够全面反映项目的财务健康状况，为决策者提供客观、准确的参考依据。

净现值（NPV）是评估项目财务可行性的核心指标之一。NPV 是指项目在整个生命周期内产生的现金流入现值总和与现金流出现值总和之差。如果 NPV 大于零，说明项目的投资收益超过了投资成本，具有财务可行性；反之，如果 NPV 小于零，则意味着项目可能存在亏损风险。NPV 的计算需要考虑货币的时间价值，将不同时期的现金流折算为同一时点的现值，以便进行比较。因此，选择合理的折现率至关重要。折现率通常参考项目的资本成本或者行业基准收益率确定。

内部收益率（IRR）也是评价项目财务可行性的重要指标。IRR 是使项目 NPV 等于零时对应的折现率。从另一个角度理解，IRR 表示项目在整个生命周期内平均每年能够获得的投资收益率。一般而言，如果项目的 IRR 高于企业的资本成本或者行业平均水平，则说明该项目具有较强的盈利能力和财务可行性。与 NPV 类似，IRR 的计算也需要对项目现金流进行折现，因此选择合理的初始折现率作为迭代起点非常关键。

投资回收期也是衡量项目财务可行性的常用指标。投资回收期是指项目累计净现金流等于初始投资额所需要的时间。它反映了项目收回投资成本的速度。一般来说，投资回收期越短，项目的资金周转速度越快，流动性风险越低。对于回收期较长的项目，企业需要审慎评估其现金流稳定性和可持续性。当然，过度追求短期回报而忽视项目的长远收益，也可能导致决策失误。因此，投资回收期只能作为辅助参考，不能单独决定项目的取舍。

盈亏平衡分析也是评估项目财务可行性的有效工具。盈亏平衡点是指项目的销售收入恰好等于总成本时所对应的产销量或者销售额。在盈亏平衡点之前，项目处于亏损状态；超过盈亏平衡点后，项目开始盈利。因此，盈亏平衡点可以帮助企业判断项目实现盈利的难易程度。盈亏平衡分析还能够揭示项目对销售价格、销量、固定成本、变动成本等关键参数的敏感程度，为企业优化产品结构、控制成本、制定价格策略提供指引。

财务杠杆系数也是评判项目财务风险的重要指标。财务杠杆系数衡量了项目总资产中债务融资的比例。杠杆系数越高，说明项目对外债务负担越重，财务风险越大。过高的债务比例一方面会增加项目的利息负担，挤占潜在利润空间；另一方面，还可能引发债务违约、资不抵债等风险事件。因此，在评估项目财务可行性时，需要审慎控制财务杠杆水平，平衡负债经营带来的收益和风险。

（三）投资策略与筛选关联

投资策略与项目筛选的关联十分紧密，将二者有机结合是企业做出科学投资决策的关键。企业的投资策略反映了其长远发展目标和资源配置方向，是指导具体投资活动的纲领性文件。而项目筛选则是在既定投资策略框架下，根据特定标准对潜在投资项目进行评估和优选的过程。只有将投资策略作为项目筛选的指引和依据，才能确保投资项目与企业战略保持一致，实现投资效益的最大化。

具体来说，企业应当根据自身发展阶段、行业前景、竞争态势等因素，制定明确、可行的投资策略。这一策略应当明确投资的重点领域、目标市场、预期回报等关键要素，为后续项目筛选提供决策参考。在此基础上，企业需要建立完善的项目筛选标准体系，从战略匹配度、财务可行性、风险可控性等维度对投资项目进行全面评估。只有符合投资策略要求、满足筛选标准的优质项目，才能进入投资决策的视野。

以某高新技术企业为例，其总体发展战略是通过持续创新实现行业领先。在这一战略指引下，企业制定了“聚焦前沿技术、布局新兴市场”的投资策略，并据此建立了包括“技术创新度、市场增长率、投资回报期”在内的项目筛选标准。当面临多个潜在投资机会时，企业便可运用这些标准进行对比评估，优选出最契合发展战略、最具投资价值的创新项目，从而实现投资策略与项目筛选的有效对接。

投资策略与项目筛选的关联是动态的、双向的。一方面，投资策略引领和规范着项目筛选的方向和标准；另一方面，项目筛选的结果也为投资策略的调整优化提供了现实依据。企业应当根据内外部环境的变化，适时调整投资策略，并相应更新项目筛选标准，以保持投资决策的科学性和前瞻性。同时，在具体项目筛选过程中，也要避免盲目依赖既定标准而忽视项目的特殊性，要在规范和灵活之间把握平衡。

二、项目可行性研究报告编制

（一）报告结构框架

可行性研究报告是投资项目决策过程中的关键环节，其编制质量直接影响着项目的审批和实施。一份优秀的可行性研究报告需要在结构上做到条理清晰、重点突出，在内容上实现全面客观、论证充分。具体而言，可行性研究报告的基本框架通常包括以下几个部分：

项目概况。这一部分需要对项目的基本情况进行概括性介绍，包括项目名称、建设单位、建设地点、建设规模、建设内容等，使读者对项目有一个初步的了解和印象。同时，还要说明编制报告的目的和意义，突出可行性研究的必要性。

市场需求分析。市场是项目生存和发展的基础，因此必须对目标市场进行深入细致的调研和分析。这一部分要从宏观和微观两个层面入手，一方面考察国家产业政策、经济发展水平、社会需求趋势等宏观环境因素，另一方面要通过问卷调查、实地访谈等方式收集第一手数据，准确把握目标消费群体的需求特点和购买行为。在此基础上，还要对未来一定时期内的市场容量、市场趋势作出科学预测，为项目规划提供依据。

项目建设方案。这是可行性研究报告的核心部分，需要对项目的具体建设方案进行详细论证和说明。主要内容包括：建设规模与产品方案，阐明项目的生产能力、产品种类与规格等；技术方案与工艺流程，选择适宜的生产工艺和设备，制定技术改造方案；原辅材料、燃料和动力供应方案，落实供应渠道，测算消耗定额；厂址选择与总图运输方案，确定项目选址及合理布局；环境保护方案，评估项目对环境的影响，提出防治措施；组织机构与人力资源配置方案，设计组织架构，配备必要人员；项目实施进度，拟定项目建设的时间表和进度安排。这些方案从不同侧面论证了项目的可行性，需要提供翔实的数据支撑和缜密的逻辑推理。

投资估算与资金筹措。这一部分需要对项目的投资规模、资金来源进行测算和说明。投资估算要分别核算建设投资、流动资金、铺底流动资金等，提供详细的投资估算表。资金筹措方案要明确资本金、银行贷款等的比例和来源渠道，评估筹资的可行性。同时，要对项目投资进行财务评价，运用投资回收期、净现值、内部收益率等指标评判其财务可行性。

项目效益分析。这一部分主要分析项目达产后的经济效益、社会效益和环境效益。经济效益要通过编制财务报表、计算各项财务指标来反映，如销售收入、净利润、投资利润率等；社会效益要说明项目对促进就业、改善民生、带动相关产业发展的作用；环境效益要阐明项目在节能减排、资源综合利用等方面的积极影响。效益分析要客观真实，不夸大项目效益，也不回避潜在风险。

（二）多维度可行性分析

项目可行性分析是投资决策的关键环节，它从市场、技术、财务等多个维度对项目的可行性进行全面评估。其中，市场可行性分析着眼于项目的市场前景，主要评估市场容量、竞争格局、目标客户等因素。通过市场调研和数据分析，预测产品或服务的市场需求，判断项目是否具有足够的市场空间。同时，还需要研究行业发展趋势、竞争对手状况，制定有效的市场营销策略，确保项目能够在激烈的市场竞争中立于不败之地。

技术可行性分析则侧重于项目的技术路线和实施方案。首先，要评估项目所需的核心技术是否成熟可靠，是否具备大规模应用的条件。其次，要论证技术方案的先进性和可操作性，确保项目能够顺利实施。最后，还需要考虑技术升级迭代的风险，制定应对技术变革的长期规划。只有技术方案经得起全方位的考验，项目才能在实施过程中降低技术风险，提高成功概率。

财务可行性分析是项目评估的另一个重点。它主要从投资回报的角度，评判项目的经济效益。通过编制财务预测报表，估算项目的销售收入、成本费用、税金等，预测项目的现金流量和盈利能力。运用净现值、内部收益率等财务评价指标，综合评判项目的财务可行性。与此同时，还需要评估项目的融资能力，论证资本结构的合理性，确保项目有充足的资金保障。只有财务指标达到预期目标，项目才具备投资价值和市场竞争力。

除了以上三个核心维度外，项目可行性分析还需要考虑其他因素。例如，要评估项目的合规性和可持续性，分析项目在法律法规、环境保护等方面的影响。要论证项目的社会效益，评价项目对经济发展、民生改善等方面的贡献。还需要考虑项目的风险因素，包括政策风险、市场风险、管理风险等，制定相应的风险防控措施。唯有对项目进行全方位、多角度的分析评估，才能做出科学、审慎的投资决策。

三、投资效益预测与成本分析

（一）投资回报预测方法

投资回报预测是项目评估的关键环节，它旨在量化项目未来可能产生的经济效益，为投资决策提供重要依据。在预测过程中，需要综合考虑项目的特点、市场环境、风险因素等多方面因素，运用科学的方法和模型，得出相对准确、可靠的预测结果。

从方法论的角度来看，投资回报预测主要包括定性分析和定量分析两大类。定性分析侧重于对项目的宏观环境、行业前景、竞争格局等因素进行综合研判，以把握项目的发展方向和市场潜力。常用的定性分析工具包括 PEST 分析、SWOT 分析、波特五力模型等。这些工具能够帮助决策者全面审视项目所处的内外部环境，识别关键的机遇和挑战，为后续的定量分析提供基础。

定量分析则侧重于运用数学模型和计算方法，对项目的财务指标进行精确测算。常用的定量分析方法包括净现值法（NPV）、内部收益率法（IRR）、投资回收期法等。其中，净现值法通过估算项目整个生命周期内现金流入和流出的现值之差，判断项目的盈利能力；内部收益率法则计算使净现值等于零时的折现率，反映项目的实际收益水平；投资回收期法着眼于项目回收全部投资所需的时间，衡量项目的投资风险。这些方法各有侧重，在实践中往往需要综合运用，以提高预测的科学性和准确性。

具体到投资回报预测的操作层面，建立合理的现金流量估算模型是关键。现金流量估算需要考虑项目的收入、成本、税费、折旧等各项要素，根据项目的具体情况，选择适当的估算方法。例如，对于收入的估算，可以采用市场调研法、类比法、回归分析法等；对于成本的估算，可以采用因素估算法、类比估算法、参数估算法等。在估算过程中，还需注意对通货膨胀、汇率变动等宏观经济因素的考量，以提高估算的合理性。

在建立现金流量估算模型的基础上，敏感性分析与情景分析是进一步提升预测科学性的有效手段。敏感性分析通过改变某一关键参数的取值，观察其对项目整体收益的影响，以识别影响项目成败的关键因素。例如，可以分析原材料价格上涨 10%、销售价格下调 5%等情景下，项目的盈利能力会发生怎样的变化。情景分析则是在敏感性分析的基础上，设置若干个可能的情景（如乐观、中性、悲观等），分别估算不同情景下的投资回报，以更全面地评估项目的风险和收益。

（二）全面成本分析

项目成本分析是投资决策中至关重要的一环，它直接影响着项目的经济效益和可行性。全面、准确地计算项目成本，并制定有效的成本控制策略，是确保项目顺利实施和投资回报的关键。

项目成本计算需要考虑项目全生命周期内的各项支出，包括前期准备阶段的可行性研究费用、设计费用，建设阶段的建筑工程费、设备购置费、安装调试费等，以及运营阶段的原材料费、人工费、管理费等。只有全面统计这些成本要素，才能真实反映项目的总体投资规模。在计算过程中，还应注意成本数据的时效性和准确性，尽可能采用最新的市场价格和供应商报价，并留有一定的风险预算，以应对成本波动带来的不确定性。

在掌握项目总成本的基础上，还需要进一步分析成本构成，以识别其中的主要影响因素。通过绘制成本构成图和敏感性分析，可以直观地发现占比较大的成本项目，如原材料费、设备费等。这些关键成本往往对项目经济效益影响最为显著，需要重点管控。同时，还要分析成本中的固定部分和变动部分，评估销售量、生产规模等因素对总成本的影响，为后续的成本控制提供依据。

在成本控制方面，首先，要树立全员成本意识，将成本管理责任落实到每个岗位和员工。通过成本核算和考核，将成本控制目标分解到各部门和个人，调动全员参与成本管理的积极性。其次，要加强过程监控，及时发现和解决成本异常问题。借助信息化手段，实时采集和分析成本数据，对超支项目启动预警和考核机制，控制成本偏离幅度。再次，优化设计方案和工艺路线，在保证质量的前提下，最大限度地节约原材料和能源消耗，降低采购和生产成本。最后，强化供应链管理，与供应商建立战略合作关系，通过集中采购、长协制等方式，争取更优惠的价格和付款条件。

四、项目评估方法与指标体系

（一）经典评估模型

在企业投资决策过程中，项目评估是一个至关重要的环节。它直接关系到投资项目的成败，进而影响企业的长远发展。为了科学、准确地评估投资项目，财务学者们开发了一系列经典的评估模型，如净现值、内部收益率等。这些模型以现金流量为基础，综合考虑货币时间价值、投资风险等因素，为投资决策提供了量化依据。

净现值（NPV）是评估投资项目经济性的重要指标。它是指将项目在整个生命周期内产生的现金流量按适当折现率折算成现值，然后加总所得的净值。如果 NPV 大于零，说明项目能够为企业创造价值，值得投资；反之，如果 NPV 小于零，则意味着项目可能会造成损失，应该放弃。NPV 法的优点在于它考虑了货币时间价值，能够客观反映项目的真实价值。但它也存在一定局限，如折现率的选择具有一定主观性，且无法反映项目的相对盈利能力。

内部收益率（IRR）是另一个广泛使用的评估指标。它是指使项目 NPV 等于零时的折现率，反映了项目的平均投资收益率。一般来说，如果 IRR 大于企业的资本成本，就说明项目具有投资价值；反之，则应该放弃该项目。与 NPV 法相比，IRR 法的优点在于它直观地反映了项目的盈利水平，便于不同项目之间的比较。但 IRR 法也存在一些问题，如可能出现多个 IRR 值，且无法反映项目的绝对盈利能力。

除了 NPV 和 IRR，还有一些其他的评估模型，如投资回收期法、会计收益率法等。这些方法各有优缺点，在实际应用中需要根据具体情况选择。比如，投资回收期法简单直观，但没有考虑货币时间价值；会计收益率法计算简便，但忽略了现金流量的重要性。因此，在进行项目评估时，往往需要综合运用多种方法，全面考虑各种影响因素，以提高决策的科学性和有效性。

企业要加强对财务人员的培养，建立科学的投资管理制度。一方面，要重视财务团队的专业培训，鼓励他们学习先进的理论知识，掌握现代的分析工具；另一方面，要建立规范的投资决策流程，引入科学的评估方法，提高决策的民主性和透明度。只有理论与实践相结合，才能真正提高企业的投资管理水平，实现资源的优化配置和效益最大化。

（二）评估指标体系构建

构建科学合理的项目评估指标体系是确保投资决策正确性和有效性的关键。评估指标体系应当全面考虑项目的财务效益、社会效益、环境效益等多个维度，既要重视定量分析，也要兼顾定性描述，力求客观、准确地反映项目的整体价值。

在设计评估指标时，应当遵循目标导向、关联性强、可操作等原则。目标导向要求指标能够直接或间接地体现项目的预期目标，如经济效益指标应与项目的财务目标相一致。关联性强意味着各指标之间应存在内在的逻辑关系，共同构成一个有机的整体。可操作原则强调指标应具有可测性和可比性，便于数据的收集、计算和分析。

具体而言，评估指标体系可分为财务指标、市场指标、技术指标、社会效益指标等几大类。财务指标侧重评价项目的盈利能力和偿债能力，常用的指标有净现值、内部收益率、投资回收期等。市场指标评估项目的市场前景和竞争力，如市场占有率、市场增长率等。技术指标考察项目的技术先进性和可行性，如技术成熟度、产品性能等。社会效益指标衡量项目对社会福祉的贡献，如就业机会创造、环境改善效果等。

在构建指标体系的过程中，还应注意各指标的权重设置。不同指标对项目价值的贡献程度有所差异，需要根据项目特点和决策者偏好合理确定权重。常用的权重确定方法包括层次分析法、德尔菲法、熵值法等。权重的设置应当经过反复论证，以保证其科学性和可接受性。

项目评估指标体系的构建是一个系统工程，需要项目管理者与各方利益相关者的通力合作。在指标设计阶段，应广泛征求专家意见，借鉴同类项目的成功经验。在指标应用阶段，要加强数据管理，提高评估的效率和准确性。在指标优化阶段，应持续跟踪项目进展，根据反馈信息动态调整指标体系，增强其适应性和前瞻性。

高质量的项目评估指标体系是优化资源配置、规避投资风险的重要工具。它为项目决策提供了客观依据，有助于提高决策的科学化水平。同时，完善的指标体系也是项目管理的重要抓手，为过程监控和绩效考核提供了明确标准，促进项目高效、有序运作。

第二节　投资时机与规模决策

一、投资时机判断依据

（一）宏观经济指标的分析

宏观经济指标的变化是判断投资时机的重要依据。GDP 增长率、通货膨胀率、失业率等关键指标的动态变化，反映了一个国家或地区经济运行的总体态势，预示着未来经济发展的趋势。企业决策者需要密切关注宏观经济指标，准确地把握经济周期变化规律，科学预判经济走势，及时调整投资决策。

具体而言，当经济处于上升周期，GDP 增长率较高，通货膨胀率适度，失业率较低时，往往意味着经济正处于繁荣期，市场需求旺盛，企业盈利能力较强，此时积极扩大投资规模，抢占市场份额，可以获得较高的投资回报。相反，当经济出现下行压力，GDP 增速放缓，通胀率走低，失业率攀升时，则预示着经济正步入衰退期，市场需求萎缩，企业经营风险加大，此时应当谨慎投资，控制投资节奏，避免盲目扩张导致资金链断裂。

决策者需要综合考虑各项指标的变化趋势、内在联系和传导机制，结合行业特点、企业实力等因素，才能作出科学的投资决策。例如，在经济转型升级的大背景下，传统产业和新兴产业的投资机遇可能大不相同。对于传统产业而言，经济下行压力可能意味着市场空间萎缩、竞争加剧，盲目扩张投资的风险加大。而对于新兴产业，经济结构调整带来的政策利好、技术进步和模式创新，反而可能孕育新的投资机遇。

宏观调控政策的变化也会对投资决策产生重大影响。货币政策、财政政策、产业政策的调整，都会改变市场资金供求关系，影响不同行业的发展前景。例如，在经济下行压力加大时，央行往往会采取降息、降准等宽松的货币政策，增加市场流动性，刺激投资需求。这往往意味着传统行业可以获得更多的低成本融资机会，新兴产业的投资风险也有所降低。

（二）行业发展趋势预测

行业发展趋势预测是企业进行投资决策时的重要参考。通过对行业成熟度和未来潜力的研判，企业可以更准确地把握投资时机，优化资源配置，实现可持续发展。具体而言，行业成熟度反映了行业所处的生命周期阶段。一般来说，行业发展可以分为导入期、成长期、成熟期和衰退期四个阶段。不同阶段的市场特点、技术水平、竞争格局差异显著，投资风险和收益也各不相同。例如，在导入期，行业市场规模小，技术不稳定，风险较高，但如果能抓住先机，率先布局，未来回报可观。而在成熟期，市场趋于饱和，技术相对成熟，竞争日趋激烈，投资回报率下降，但风险也相对可控。企业需要根据自身的资源禀赋、风险偏好，选择最适合的行业投资节点。

除了成熟度，行业未来潜力也是判断投资价值的关键要素。一个具有广阔发展前景的行业，往往孕育着巨大的投资机会。评估行业潜力需要综合考虑技术创新、消费升级、政策支持等多重因素。如果行业能够持续推出革命性的新技术，不断满足消费者日益增长的品质化、个性化需求，同时又能获得政府的大力扶持，那么其未来发展空间必然十分可期。以新能源汽车行业为例，在低碳经济浪潮的推动下，新能源汽车技术日新月异，消费者环保意识逐步提升，各国政府也纷纷出台优惠政策，引导新能源汽车产业快速成长。在这样的背景下，尽管该行业尚处于成长初期，但前景无限光明，值得企业积极布局。

（三）市场需求变化

市场需求动态是企业投资时机选择的重要参考。在当今瞬息万变的市场环境下，消费者的需求、偏好和行为模式也在不断演变。企业要想准确把握投资时机，就必须时刻关注市场需求的变化趋势，深入洞察消费者的真实需要。只有以市场为导向，以消费者为中心，企业的投资决策才能真正契合市场脉搏，引领产业发展方向。

具体而言，企业应该建立完善的市场调研和分析机制，多渠道、多维度地收集市场需求信息。这不仅包括对消费者进行问卷调查、焦点小组访谈等常规方法，还要善于利用大数据技术，从海量的网络数据中挖掘消费者行为特征和偏好变化。通过系统的数据分析，企业可以及早发现市场需求的新动向，抓住潜在的投资机会。

市场需求的变化往往受到技术进步、政策环境、社会文化等多重因素的影响。因此，企业在进行需求分析时，要采取全局视角，综合考虑各种宏观环境因素。例如，新一代信息技术的突破可能催生出全新的消费需求；国家产业政策的调整则会引导市场需求的结构性变革；社会文化的变迁也会深刻影响消费者的价值观念和生活方式。唯有立足全局，把握时代脉搏，企业才能在复杂多变的市场环境中做出正确的投资选择。

二、投资节奏的控制

（一）投资初期节奏安排

在项目启动阶段，合理安排投资节奏对于确保项目的顺利实施和预期效益的实现至关重要。投资节奏的把控需要根据项目的具体情况，在进度、资金、风险等多方面进行综合考量。

投资节奏应与项目的整体进度相匹配。项目启动初期，需要投入大量资金用于前期准备工作，如市场调研、可行性分析、技术方案设计等。这一阶段的投资强度较大，但为后续项目的顺利推进奠定了基础。随着项目逐步进入实施阶段，投资节奏应与项目的具体进展相适应，根据各阶段性任务的完成情况和资金需求进行动态调整，避免出现资金闲置或短缺的情况。

投资节奏还需考虑资金的时间价值和使用效率。项目启动阶段的资金投入虽然金额较大，但往往能够在后续的项目运营中带来可观的经济效益。因此，从长远来看，前期的投资可视为一种战略性投入。同时，初期投资的节奏安排也要兼顾资金的使用效率，将资金投向那些能够为项目创造最大价值的环节，提高资金的使用效能。

投资节奏的制定还需充分考虑项目面临的风险因素。项目启动阶段往往存在诸多不确定性，如市场风险、技术风险、政策风险等。对于这些风险因素，既要在投资决策中予以充分考虑，合理控制投资规模和进度；又要通过分阶段投资、设置投资回收期等方式，降低风险对项目整体的影响。

项目初期的投资节奏安排需要处理好快速推进与稳步前行的关系。一方面，要通过前期的快速投入，抢占市场先机，赢得竞争优势；另一方面，也要根据项目的复杂程度和不确定性，采取稳妥的投资策略，留出应对风险和不确定性的回旋空间。

（二）扩张期的节奏调整

在企业快速发展的扩张期，投资节奏的调整是一个复杂而关键的命题。面对瞬息万变的市场环境，企业需要灵活调整投资策略，以适应新的机遇和挑战。这不仅需要企业决策者敏锐的洞察力和前瞻性，更需要科学系统的分析方法和决策机制。

从宏观经济环境来看，企业应密切关注经济周期的变化，把握经济发展的大势。在经济上行期，市场需求旺盛，企业可以适当加大投资力度，抢占市场先机。但同时也要警惕过度扩张带来的风险，如资金链断裂、产能过剩等。在经济下行期，企业则应谨慎投资，优化资源配置，聚焦核心业务，提高运营效率。通过对宏观经济形势的准确判断，企业可以调整投资节奏，实现逆周期发展。

从行业发展趋势来看，企业需要深入分析行业动态，把握技术革新、商业模式创新等带来的机遇。在行业高速发展期，企业可以加大研发投入，布局前沿技术，抢占行业制高点。同时也要关注行业政策变化，合规经营，防范监管风险。在行业成熟期，企业则应注重产品和服务的差异化，通过精细化运营和增值服务提升竞争力。只有准确把握行业发展规律，才能在动态变化中保持战略定力，调整投资节奏。

从企业自身发展阶段来看，不同的成长期需要采取不同的投资策略。在初创期，企业应控制成本，以小博大，通过快速迭代验证商业模式。在高速成长期，企业需要大胆投资，快速扩张，通过规模效应巩固先发优势。但同时也要防范过度扩张带来的管理风险和财务风险。在成熟期，企业则应优化投资结构，聚焦核心竞争力，通过战略投资和并购重组实现产业升级和跨越式发展。总之，根据企业发展阶段的不同需求，动态调整投资节奏，方能保持企业持续、健康、高质量发展。

在制定投资决策时，还需要考虑资本市场状况、国际经济形势等外部因素，以及企业的资金状况、管理能力等内部条件。只有对内外部环境进行全面分析，权衡利弊，才能作出科学的投资决策。同时，还应建立健全投资决策机制，完善风险管控体系，提高投资效率和投资回报率。

（三）成熟期与退出期的节奏管理

企业在发展过程中，必然会经历初创期、成长期、成熟期和衰退期四个阶段。而在每个发展阶段，企业的投资节奏管理策略也应有所侧重和调整。尤其是在成熟期和退出期，企业如何把握投资节奏，对于保持竞争优势、实现可持续发展至关重要。

成熟期的企业已经建立了稳固的市场地位，拥有成熟的产品线和客户群。在这一阶段，企业的投资重点应从规模扩张转向效率提高和创新驱动。一方面，企业要审慎评估新的投资项目，严格控制投资规模和风险，避免盲目扩张导致的资源浪费和财务危机。另一方面，企业要加大对技术创新、管理创新的投入，通过优化业务流程、提升产品性能等方式，进一步巩固市场优势。同时，成熟期企业还应关注新兴市场和业务机会，适度布局前瞻性投资，为未来发展作好准备。

退出期的企业面临市场萎缩、利润下滑的严峻形势，其投资节奏管理的首要任务是控制风险、止损止血。企业要全面评估现有业务和资产的盈利能力，果断退出低效无望的投资项目，回收资金以应对经营压力。对于仍有发展潜力的业务，企业要严控新增投资，审慎把握投入产出比，确保有限的资源发挥最大效用。同时，退出期企业还应积极寻求战略转型的机会，通过业务重组、产业升级等方式，开拓新的利润增长点。这需要企业审时度势，把握投资窗口期，以小博大，力争实现凤凰涅槃。

三、投资规模的确定方法

（一）资金能力评估

深入评估企业的资金能力，是制定科学投资规模决策的基石。企业的资金能力实质上反映了其现金流状况和融资潜力，直接决定了可投入的资金规模上限。具体而言，企业现有的货币资金存量、经营活动现金流入、外部融资渠道都是衡量其投资资金能力的关键指标。通过系统梳理资产负债表、现金流量表等财务报表，管理者能够准确把握企业当前的资金储备，预判未来一段时期的现金流变化趋势，在此基础上测算出可用于投资的资金规模区间。

值得注意的是，单纯依赖财务数据评估资金能力可能存在局限性。一方面，会计信息存在滞后性，难以动态反映企业的实时资金状况；另一方面，资产负债表呈现的是静态数据，缺乏对资金流动性的考量。因此，全面评估企业资金能力还需引入财务指标分析的方法。营运资本、速动比率、现金流覆盖率等指标从偿债能力、营运能力等角度反映了企业在持续经营中的造血功能，能够弥补静态数据的不足，帮助管理者更加立体地认识企业的资金实力。

资金能力评估的另一个关键在于对融资潜力的分析。优质的信用记录、稳健的财务状况以及良好的银企关系都会提升企业的间接融资能力。而畅通的股权融资渠道，如风险投资、私募股权、IPO 等，则是把握发展机遇、做大投资规模的有力保障。因此，在制定投资决策时，管理者需要综合考虑内源性融资和外源性融资的可获得性，在现金流预测的基础上适度扩大投资规模的上限。

除了静态的指标体系外，情景分析和敏感性测试也是评估企业资金能力的有效工具。通过设置乐观、中性、悲观等多个情景，分别预测不同假设下企业的现金流状况，有助于量化经营环境变化对投资资金保障的影响。而敏感性测试则可揭示关键变量的变动对投资资金需求的影响程度，识别出需要重点监控的财务指标。情景分析与敏感性测试相结合，能够帮助管理者在动态市场中及时校准投资规模，有效地控制财务风险。

（二）风险承受能力分析

企业投资规模决策离不开对风险的全面评估和管控。风险承受能力是企业在保证自身生存和发展的前提下，能够承担的最大风险水平。通过科学的风险评估模型，企业可以客观地判断自身的风险承受能力，进而合理地确定投资规模，避免盲目扩张或过度保守。

风险评估是一个系统工程，需要综合考虑企业内外部环境、财务状况、管理水平等多方面因素。企业可以采用定性与定量相结合的方法，从不同维度评估风险的性质、频率和影响程度。定性分析主要依靠专家经验判断，对风险发生的可能性和后果进行估计；定量分析则运用数理统计、概率论等工具，计算风险指标的数值。两种方法相辅相成，共同为风险评估提供依据。

在构建风险评估模型时，企业需要因地制宜，充分考虑行业特点和自身实际。一般来说，模型应包括风险识别、风险分析、风险评价等环节。风险识别旨在厘清企业面临的各类风险因素，如市场风险、信用风险、操作风险等；风险分析则通过情景模拟、压力测试等方法，评估不同风险因素的影响程度；风险评价综合前两个环节的结果，判断企业整体风险水平，确定风险承受底线。

风险评估结果为企业投资规模决策提供了重要参考。企业可根据自身风险承受能力，合理配置资金，优化资产结构。对于风险水平较高的投资项目，企业应慎重考虑，必要时可通过分散投资、引入战略投资者等方式降低风险；对于风险水平较低的项目，企业可适当加大投入，提高资金使用效率。同时，企业还应建立动态风险监测机制，随时关注内外部环境变化，及时调整投资策略。

风险评估模型虽然重要，但不能替代管理者的决策判断。模型毕竟是对现实的简化和抽象，它所提供的只是参考和建议，而非放之四海而皆准的标准。管理者在运用模型结果时，还需要结合战略目标、利益相关方诉求等因素，平衡风险与收益，审时度势，作出最优决策。只有将科学的风险评估与艺术的管理智慧结合起来，企业才能在不确定的环境中稳健前行，实现可持续发展。

（三）目标市场分析

市场潜力的分析是确定投资规模的关键因素之一。企业在进行投资决策时，必须全面考量目标市场的容量、增长率、竞争格局等要素，以期准确把握市场机遇，合理配置资源。一方面，市场容量决定了投资项目的上限。对于一个规模有限的市场而言，即便企业拥有雄厚的资金实力和先进的技术，过度投资也难以取得预期回报。因此，科学评估市场空间，明确发展边界，是企业制定投资规模的重要前提。另一方面，市场的增长速度影响着投资回收期和利润水平。在一个高速增长的市场中，企业往往需要通过扩大投资规模，抢占先发优势，迅速提升市场份额。相反，对于趋于饱和、增长乏力的市场，企业则应审慎控制投资节奏，避免过度扩张带来的风险。

目标市场的竞争态势也是判断投资规模的重要依据。在竞争激烈的市场环境下，企业需要投入更多资源，不断提升产品性能、优化服务质量，方能在市场博弈中占据有利地位。相比之下，对于尚未完全开发、竞争相对缓和的市场，企业则可以用相对较小的投资，获取较高的市场回报。总之，准确地把握市场竞争态势，对于企业合理确定投资规模至关重要。

市场潜力分析不应局限于静态评估，更需要从动态发展的视角，预判未来市场趋势和变化。一个当前规模较小、竞争较弱的市场，如果具有广阔的发展前景和巨大增长潜力，仍然值得企业重点布局、适度超前投资。相反，一个当前规模庞大、竞争激烈的市场，如果已现颓势、前景暗淡，企业则需慎重考虑退出时机，及时止损。只有立足当下、着眼长远，动态评估市场潜力，企业才能作出正确的投资决策。

市场潜力分析不仅影响投资规模，也关乎投资方向的选择。通过系统评估不同细分市场的吸引力和风险，企业可以有的放矢地聚焦优势领域，集中资源发展核心业务。对于潜力巨大、前景明朗的细分市场，企业可以加大投资力度，全面布局产业链条，力争取得更大的市场主导权。而对于前景不明、风险较高的细分市场，企业则应谨慎决策，或仅以跟随者的姿态参与其中，或彻底放弃进入。

四、分阶段投资策略规划

（一）前期勘探与小规模试点阶段策略

前期勘探和小规模试点阶段是企业投资决策过程中至关重要的环节。在这一阶段，企业面临着诸多不确定因素，市场前景、技术可行性、政策环境等都存在较大的不确定性。如果贸然大规模投入，一旦判断失误，将给企业带来难以承受的损失。因此，采取谨慎的投资策略，通过前期勘探和小规模试点来降低风险，是企业在高不确定性环境下的理性选择。

前期勘探的目的是全面了解项目的市场前景、技术可行性、政策环境等关键因素。通过市场调研，企业可以准确把握目标市场的需求特点、竞争格局、发展趋势，评估项目的市场潜力和盈利前景。通过技术论证，企业可以审慎评估项目的技术路线、工艺流程、设备选型等，判断其技术可行性和经济合理性。通过政策分析，企业可以深入解读国家产业政策、行业规划、地方发展规划，把握政策导向，预判政策风险。唯有在前期勘探的基础上，企业才能做出科学的投资决策，规避盲目投资的风险。

小规模试点是在前期勘探的基础上，以小规模、低成本的方式对项目进行实际运作，以检验其可行性和盈利能力。通过小规模试点，企业可以在实践中发现项目的优势和不足，识别潜在的风险和问题，积累宝贵的经验和数据。同时，小规模试点还能帮助企业建立与目标市场的联系，培育用户群体，为后续的大规模推广奠定基础。更为重要的是，小规模试点可以将失败的成本控制在可承受的范围内，最大限度地降低企业的投资风险。

（二）扩张期分阶段扩大投资策略

企业在成长过程中必然会经历一个快速扩张期，这一阶段对企业的资源配置和运营管理提出了更高要求。为了在激烈的市场竞争中立于不败之地，企业需要根据市场反馈动态调整投资计划，采取分阶段扩大投资的策略。

企业应建立完善的市场调研和数据分析机制，及时收集和分析市场信息，准确把握消费者需求变化趋势。这是制订和调整投资计划的重要依据。通过深入研究目标市场，企业可以识别出最有潜力的细分领域，明确扩张的重点方向。同时，企业还应关注竞争对手的动向，评估自身的竞争优势，找准市场定位。只有在全面了解市场环境的基础上，企业才能科学制定扩张期的投资决策。

在扩张期企业要合理把控投资节奏，避免盲目扩张和一次性大规模投入。分阶段扩大投资是一种审慎的做法，它有助于降低投资风险，提高资金使用效率。企业可以先在目标市场进行小规模试点，根据市场反响和经营状况决定下一步的投资计划。如果试点效果良好，企业可以逐步加大投入，扩大业务规模；反之则应及时调整策略，避免损失进一步扩大。这种灵活的投资方式能够减少决策失误造成的不利影响，为企业的可持续发展提供保障。

扩张期的投资应重点向核心业务倾斜，聚焦企业的竞争优势。战略性新兴产业和高成长性细分市场往往蕴藏着巨大的发展潜力，值得企业重点关注和布局。相比之下，那些与主业关联度不高或市场前景不明朗的领域，投资回报率可能较低，风险系数较大。因此，企业要审慎评估投资标的，科学配置有限资源，努力实现投资效益最大化。只有心无旁骛地做优做强核心业务，企业才能在市场竞争中赢得主动。

扩张期投资还需要与企业的整体发展战略相匹配。单纯依据眼前的市场机会盲目出击，很容易偏离企业的长远目标。因此，投资决策必须以企业愿景为引领，在坚持战略定力的同时，保持适度弹性。投资方向的选择既要有利于企业核心竞争力的培育，又要为未来发展积蓄力量。通过战略性投资布局，企业可以实现协同效应，不断开拓新的利润增长点。

（三）成熟期稳步增长投资策略

在企业发展进入成熟期后，市场需求已经得到充分验证，产品或服务的接受度较高，此时企业的投资决策应着眼于稳步增长，制订稳健的投资规模计划。企业需要对市场容量进行科学评估，根据市场份额、增长率等指标，预测未来一定时期内的销售收入，在此基础上合理确定投资规模。过度扩张易导致产能过剩、资金链断裂等风险，而投资不足又可能错失市场机遇。因此，投资规模应与市场需求相匹配，既要满足业务增长所需，又要防范盲目扩张的风险。

成熟期企业在制订投资计划时，应重点关注投资效率的提升。与前期相比，成熟期企业的资源配置更加精细化，投资决策更加注重回报率。因此，企业要优化投资结构，将资金集中投向能够产生良好现金流、具有可持续发展前景的项目。同时，要加强投资管理，严格控制成本，提高资金使用效率。通过精细化管理，企业可以在投资规模相对稳定的情况下，实现利润的稳步增长。

成熟期企业在投资决策中还应考虑战略转型的需要。随着市场竞争的加剧，原有的产品或服务可能面临生命周期终结的风险，因此企业需要适时调整发展战略，开拓新的业务增长点。这就要求企业在稳步增长的同时，适度加大对新产品、新技术、新业态的投资力度，为未来发展储备动能。当然，战略转型投资要把握好节奏和力度，既不能因循守旧、错失先机，也不能盲目跟风、偏离主业。

成熟期企业还应重视投资风险的管控。虽然此阶段的市场环境相对稳定，但仍然存在政策变化、技术革新、消费升级等不确定因素。因此，企业在制订投资计划时，要充分考虑各种风险因素，建立完善的风险评估和防控机制。要定期开展敏感性分析，评估不同情景下投资决策的风险和收益，必要时要调整投资策略，化解潜在风险。同时，还要加强投资项目的动态监管，及时发现并处置风险隐患，确保投资活动平稳有序。

（四）退出期的撤资策略

在企业发展到一定阶段，特别是业务进入成熟期甚至衰退期时，如何制定有效的退出策略以规避风险、保全资本，是每一个企业决策者都必须认真考虑的重大课题。资本退出不仅关系到企业的生存发展，更关乎投资者的切身利益。因此，科学规划资本退出阶段，采取有效的撤资策略，对于企业和投资者而言都具有重要意义。

资本退出策略的制定需要立足企业发展实际，综合考虑市场环境、行业趋势、自身条件等因素。一般而言，企业可以通过股权转让、资产出售、IPO上市等多种方式实现资本退出。但无论采取哪种退出方式，都必须审时度势，把握市场脉搏，选择最佳退出时机。同时，企业还应根据自身发展阶段和未来规划，制定差异化的退出策略。例如，对于处于成长期的企业，可以通过引入战略投资者或IPO上市等方式，实现资本增值和企业价值最大化；而对于步入衰退期的企业，则需要通过资产重组、出售等手段，尽快回收资金，降低经营风险。

在资本退出过程中，风险管理是一个关键环节。企业要全面评估退出过程中可能面临的各种风险，包括政策风险、市场风险、法律风险等，并制定相应的应对预案。特别是在经济形势不确定、市场波动较大的情况下，企业更需要未雨绸缪，通过合理配置资产、购买保险等手段，降低退出过程中的系统性风险。企业还应重视投资者关系管理，及时披露退出进展，维护投资者利益，以免引发不必要的纠纷和损失。

资本退出是一个复杂的系统工程，需要企业高层统筹谋划，各部门协同配合。企业要建立健全的决策机制和执行机制，明确分工、落实责任，确保退出工作有序推进。同时，企业还应加强人才队伍建设，引进和培养熟悉资本运作、擅长风险管理的复合型人才，为资本退出提供智力支持和专业保障。只有做到组织到位、人员到位、制度到位，企业的资本退出工作才能稳步推进，实现预期目标。

第三节　投资组合管理与优化

一、组合构建原则与策略

（一）确定投资组合目标与风险偏好

在企业投资决策中，确定合理的投资组合目标和风险偏好是至关重要的一步。只有深入理解企业自身的投资目的，准确评估可承受的风险水平，才能为后续的资产配置、风险管理等工作奠定坚实基础。否则，盲目投资或过度规避风险都可能导致投资绩效的下降，甚至给企业带来难以弥补的损失。

投资目标是指企业通过投资活动所希望达成的财务目标，通常包括资本保值增值、获取稳定收益、实现长期发展等多个层面。不同的投资目标对应着不同的投资策略和风险收益特征。例如，以资本保值为主要目标的投资组合，通常会配置较多的固定收益类资产，虽然收益率相对较低，但风险也相对可控。而以长期增值为目标的投资组合，则可能会配置更多的权益类资产，以获取较高的长期平均回报，但同时也要承担更大的市场波动风险。因此，企业需要根据自身的财务状况、发展阶段、行业特点等因素，科学设定投资目标，避免盲目跟风或过度冒进。

风险偏好是指投资者对风险和收益的主观态度和心理承受能力。不同的投资者面对同样的风险收益组合时，可能会作出不同的选择。风险厌恶型投资者倾向于规避风险，希望以相对确定的投资收益为主要目标；风险中性型投资者对风险持中立态度，会权衡风险和收益后再作决策；而风险偏好型投资者则更加注重高收益机会，愿意承担较高风险以获取潜在的高回报。企业在制定投资决策时，必须充分考虑自身的风险承受能力，既不能过于保守、错失良机，也不能盲目冒进、承担过大风险。

科学评估企业的风险偏好，需要从定性和定量两个角度入手。定性分析主要考察企业的发展战略、管理层风格、文化氛围等因素对风险偏好的影响。例如，处于快速扩张期的成长型企业，管理层风格较为激进，文化氛围鼓励创新，因此风险偏好可能较高。而处于成熟期的传统企业，管理层风格较为稳健，文化氛围强调规避风险，因此风险偏好可能较低。定量分析则主要通过压力测试、敏感性分析等技术手段，评估在不同市场情景下，企业投资组合的风险状况以及对财务状况的潜在影响。通过定性和定量分析，可以较为全面地把握企业的风险偏好特征。

投资组合目标和风险偏好并非一成不变，而是应该根据内外部环境的变化进行动态调整。一方面，企业自身的财务状况、发展阶段等因素会影响风险承受能力，需要相应调整投资目标；另一方面，宏观经济形势、市场环境、政策导向等外部因素也会改变各类资产的风险收益特征，企业必须保持敏锐洞察力，及时优化投资组合。特别是在市场出现重大波动、企业面临重大战略调整时，更需要重新审视既有的投资组合目标和风险偏好，以适应新的形势需求。

（二）选择多元化投资组合策略

选择多元化投资组合策略是降低投资风险的重要途径。在动态变化的市场环境中，单一的投资品种往往难以抵御系统性风险，容易导致投资收益的大幅波动。而通过将资金分散投资于不同类型、不同行业、不同地区的资产，则可以有效分散非系统性风险，实现投资组合的风险对冲。多元化投资组合的构建需要综合考虑资产的收益率、风险水平、相关性等因素。理想的投资组合应包含收益率高但风险较大的权益类资产，如股票、基金；也应包含收益率较低但风险水平适中的固定收益类资产，如债券、存款。同时，房地产、黄金等实物资产的加入，可以进一步提升组合的抗风险能力。投资者还应关注不同资产之间的相关性。相关性较低的资产搭配，能够更好地发挥风险对冲功能；而相关性过高的资产组合，则可能面临“一荣俱荣、一损俱损”的系统性风险。

在实践中，投资者可以根据自身的风险偏好和投资目标，灵活调整各类资产的配置比例。风险厌恶型投资者可以适当提高固定收益类资产和实物资产的比例；而风险偏好较高的投资者，则可以加大权益类资产的配置力度。

多元化投资组合的构建并非一蹴而就，而是一个动态调整的过程。投资者应密切关注宏观经济形势、行业发展趋势等因素，适时调整组合结构，以应对市场变化带来的风险与机遇。例如，在经济衰退期，可以适当增持防御性较强的消费、医药等行业股票；而在经济复苏期，则可以加大周期性行业如地产、银行等的配置比例。投资组合管理还应与投资者的生命周期相匹配。

（三）形成长期投资组合构建计划

长期投资组合构建计划的制定和实施是企业投资决策的重要组成部分，对于企业实现稳健、可持续的投资业绩具有关键意义。在制订长期投资组合计划时，首先需要明确企业的战略目标和风险偏好。不同的企业在发展阶段、市场定位、资源禀赋等方面存在差异，因此其投资目标和风险承受能力也各不相同。只有在全面分析自身特点和外部环境的基础上，企业才能制定出符合实际、切实可行的长期投资方针。

在明确投资目标后，企业需要根据自身的资产规模、资金来源、投资经验等因素，确定适宜的资产配置策略。资产配置是投资组合管理的核心环节，其基本原则是在分散风险的同时，力求获取最优的收益－风险组合。通过合理配置股票、债券、现金等各类资产，并根据市场变化动态调整其比例，企业能够有效平滑投资收益的波动，提高组合的稳健性。与此同时，大类资产配置还需要充分考虑宏观经济形势、行业景气度、公司基本面等因素的影响，前瞻性地把握市场趋势，及时优化组合结构。

在确定了资产配置策略后，企业还需要针对各细分资产类别制定具体的投资方案。以权益类资产为例，企业可以综合运用行业配置、风格配置、个股精选等多种策略，力求在控制风险的前提下获取超额收益。同时，债券投资应注重信用风险和久期管理，并结合利率走势进行波段操作。对于一些另类投资品种，如私募股权、对冲基金等，则可作为组合的有益补充，但需要严格控制其比例和风险敞口。

长期投资组合构建计划的另一个关键是明确各阶段的投资策略安排。一般而言，企业的长期投资计划可划分为三个阶段：积累期、稳健期和收获期。在积累期，企业可适当提高权益类资产的配置比例，以把握市场上涨带来的投资机会；进入稳健期后，企业应逐步降低组合的整体风险，将重心转移至风险收益更为均衡的资产上；而在收获期，企业则需要调高固定收益类产品的比例，锁定既有收益，为未来发展提供稳定的现金流支持。

长期投资组合构建计划并非一成不变，而应根据内外部形势的变化进行动态调整。企业需要建立完善的投资决策机制和风险管理体系，密切关注市场动向，定期评估投资绩效，并据此及时优化组合结构。只有在“计划”和“执行”两个维度上持续发力，动态平衡风险和收益，企业才能最大限度地实现长期投资目标。

二、资产配置比例及调整时机

（一）制定资产配置比例的基本原则

资产配置比例的制定是投资组合管理中至关重要的一环。科学、合理的资产配置比例能够有效平衡投资组合的风险和收益，实现投资目标。制定资产配置比例需要遵循一些基本原则，以确保其可行性和有效性。

明确投资目标是确定资产配置比例的首要原则。不同的投资目标对应着不同的风险偏好和收益预期，因此需要根据具体的投资目标来设计相应的资产配置方案。例如，以资本保值为目标的投资者可能会偏好低风险的固定收益类资产，而以资本增值为目标的投资者则可能更青睐于高风险高收益的权益类资产。只有明确了投资目标，才能有的放矢地制定资产配置比例。

风险承受能力是影响资产配置比例的另一个关键因素。投资者的风险承受能力取决于多方面因素，如年龄、收入水平、投资经验等。风险承受能力越高，可以承担的资产组合风险就越大，相应地在高风险高收益资产上的配置比例就可以适当提高；反之，风险承受能力较低的投资者则应以稳健型资产为主，控制高风险资产的比例。因此，在制定资产配置比例时，必须充分考虑投资者的风险承受能力，以避免出现超出风险承受范围的投资决策。

资产的相关性也是制定配置比例时需要重点考虑的因素。不同资产之间的相关性会直接影响投资组合的整体风险水平。如果组合中的资产过于集中于高度相关的领域或行业，一旦该领域出现系统性风险，将会对整个投资组合造成较大冲击。因此，在资产配置时要注重资产的多元化，选择相关性较低的资产类别，通过分散投资来降低非系统性风险。同时，还要关注不同资产在不同市场环境下的表现，动态调整资产配置，以适应市场变化。

宏观经济形势和市场环境也是影响资产配置比例的重要外部因素。在经济增长、通货膨胀、利率水平等宏观因素发生变化时，不同资产的表现会出现显著差异。例如，在经济衰退期，固定收益类资产可能表现出更强的防御性；而在经济复苏和扩张期，权益类资产可能会有更大的上涨空间。因此，制定资产配置比例时，需要审慎分析当前及未来一段时期的宏观经济形势，把握资产表现的周期性规律，及时调整配置策略。

资产配置还要考虑投资组合的流动性需求。流动性风险是投资过程中不可忽视的风险之一。如果投资组合中缺乏足够的流动性资产，一旦出现大额赎回或者急需资金调出的情况，就可能面临变现困难、价格大幅波动的问题，从而影响投资收益。因此，在配置资产时，需要预留一定比例的高流动性资产，如货币基金、高等级债券等，以备不时之需。

（二）监测市场情况与调整时机判断

当市场环境发生变化时，企业需要根据自身的投资目标和风险承受能力，及时调整投资组合的资产配置比例。这不仅关系到投资收益的实现，更关乎企业的长期发展和市场竞争力。因此，企业必须建立完善的市场监测机制，密切关注宏观经济形势、行业发展趋势、技术创新动向等关键因素，捕捉市场机遇，规避潜在风险。

具体来说，企业可以通过构建多元化的信息渠道，如行业协会、研究机构、政府部门等，获取全面、及时、准确的市场信息。在此基础上，企业需要组建专业的投资决策团队，定期开展市场分析和预测，评估不同资产类别的投资价值和风险特征，并据此制定动态调整的资产配置方案。

在判断市场调整时机时，企业需要重点关注以下几个方面：一是宏观经济政策的变化，特别是货币政策和财政政策的调整对市场情绪和资产价格的影响；二是行业景气度的变化，把握行业周期性特征，在行业上行期适度加大配置比例，在下行期及时降低仓位；三是市场估值水平的变化，通过横向比较和纵向分析相结合的方式，判断市场和个股的估值是否合理，选择估值相对低估的资产进行配置；四是市场情绪的变化，关注投资者情绪指标，如恐慌指数、新增开户数等，在市场情绪过度乐观或悲观时采取逆向操作。

市场瞬息万变，投资组合的调整需要把握时机、快速果断。一方面，企业要建立风险预警机制，设定关键指标的预警阈值，一旦触及立即采取行动；另一方面，企业要培养投资决策团队的市场嗅觉和应变能力，在关键时刻敢于走在市场前面，及时调整仓位，积极应对市场变化。

企业在追求投资收益的同时，也要注重风险管理，避免激进的投资行为。投资组合的调整应当遵循稳健的原则，控制好仓位和杠杆率，留有足够的安全边际。同时，要通过投资品种和投资期限的合理搭配，构建分散化、低相关性的投资组合，提升整体的抗风险能力。

（三）应对极端市场波动的调整策略

面对极端市场波动，企业在投资组合管理中需要采取适当的调整策略，以保持资产配置的稳定性。这就要求投资者在制定投资决策时，不仅要关注短期市场风险，更要着眼于长远的投资目标，坚持价值投资理念。

从风险管理的角度来看，企业应建立完善的风险预警机制，实时监测市场动态，及时识别潜在风险因素。一旦发现异常波动迹象，就要果断采取措施，调整投资组合结构，降低风险资产比例。同时，企业还应建立多层次、多维度的风险对冲体系，通过金融衍生工具等手段，规避市场风险，锁定投资收益。

从资产配置的角度来看，企业应坚持长期投资、价值投资的理念，着眼于企业的可持续发展。在极端市场环境下，投资者更应保持理性和克制，避免盲目跟风、短视行为。企业可以通过增持优质资产、配置防御型资产等方式，提升投资组合的抗风险能力。同时，还要根据市场环境的变化，动态调整资产配置比例，实现风险与收益的平衡。

从投资决策的角度来看，企业应加强市场研判和行业分析，全面评估宏观经济形势、行业发展趋势等因素，作出审慎、科学的投资决策。在极端市场环境下，企业更需要保持战略定力，避免盲目抛售资产或过度激进投资。同时，企业还应加强内部控制和风险管理，完善投资决策机制，提高投资决策的专业性和科学性。

企业还应重视投资团队建设，打造一支高素质、专业化的投资管理队伍。优秀的投资团队不仅要具备丰富的专业知识和实践经验，更要秉持严谨的职业操守，保持独立、客观的判断力。企业可以通过内部培养、外部引进等方式，不断提升投资团队的专业能力和综合素养，为应对极端市场波动提供坚实的人才保障。

三、风险分散化与协同效应

（一）理解风险分散的重要性与方法

风险分散是投资组合管理中不可或缺的重要原则。在动荡不定的市场环境中，投资者面临着各种不确定性因素的冲击，单一资产的价格波动可能会给投资组合带来巨大损失。因此，采取有效的措施分散风险，构建一个稳健、多元化的投资组合，已经成为投资者的共识和必然选择。

从资产配置的角度来看，风险分散的核心在于选择收益与风险特征各异的资产，通过合理搭配，实现组合收益的最大化和风险的最小化。具体而言，投资者可以将资金分散投资于股票、债券、基金、衍生品等不同类型的金融资产，利用它们在收益率、风险等级、周期性等方面的差异，达到风险对冲和收益优化的目的。同时，投资者还应注重行业、地域的分散，选择不同行业、不同区域的优质资产，降低系统性风险的影响。

从投资策略的角度来看，风险分散还体现在量化投资、对冲策略等方面。量化投资以数学模型为基础，通过计算机程序实现投资组合的选择和优化，能够快速、精准地调整仓位，分散个股风险。而对冲策略则利用金融衍生品，如期货、期权等工具，对冲市场风险，锁定投资收益。这些策略的运用，有助于投资者在市场剧烈波动时，有效地规避风险，保证组合的稳定性。

投资者还应重视时间维度上的风险分散。通过长期投资、定期投资等方式，将资金在不同时间点分批投入市场，可以平滑市场短期波动带来的影响，获得长期稳定的回报。这种方式不仅降低了择时风险，也让投资者能够分享市场长期增长的红利。

（二）实现不同资产之间的协同效应

实现资产组合之间的协同效应，需要在资产配置过程中充分考虑不同资产类别之间的关联性。通过合理搭配具有互补特征的资产，可以有效降低组合整体的风险水平，同时提升投资收益的稳定性。例如，在股票投资中，选择业务模式相似、行业前景看好但又不存在直接竞争关系的公司进行组合，能够分散个股风险，又能借助行业整体向好的趋势获得超额收益。

跨资产类别的配置策略也是实现协同效应的重要手段。传统的股票、债券等大类资产虽然各自的收益与风险特征差异明显，但通过合理的比例搭配，可以在控制整体风险的同时，获得更高的风险调整后收益。以债券配置为例，在利率下行周期，配置久期较长的利率债，能够获得可观的票息和价差收益；而在信用环境恶化时，配置高等级信用债，则有利于控制信用风险，保障组合安全。同时，适度纳入一些衍生品工具，如股指期货、商品期货等，则能够对冲系统性风险，提升组合的抗跌能力。

资产组合的动态调整也是实现协同效应的必要条件。随着市场环境的变化，不同资产的相关性也会发生变化。因此，投资管理者需要密切关注宏观经济走势、行业景气度等因素，适时调整组合中各类资产的配置比例，以保持整体的风险收益平衡。例如，在经济向好、通胀预期上升时，可以适度提高权益类资产的配置比例；而在衰退风险加大时，则应适度增加现金、黄金等避险资产的配置。

除了资产层面的配置策略外，产品与渠道层面的协同也是实现组合效应的关键。通过整合多元化的投资工具，如公募基金、一对多资管计划、FOF 等，可以覆盖不同风险偏好和投资诉求的客户群体。同时，发挥银行、保险、第三方理财等多元渠道的协同优势，既能扩大客户基础，又能提供差异化的资产配置方案，满足客户的个性化需求。

投资研究能力的整合同样不可或缺。组合投资决策需要整合宏观策略、行业研究、公司研究等多个层面的投研能力。通过建立科学的投研协同机制，可以集思广益，找出最前沿、最具洞察力的投资线索。同时，风控合规、IT 系统等中后台力量的有效支持，也是使投资决策、交易执行、绩效评估等环节顺畅运作的重要保障。

（三）应对集中风险的策略

在资产配置过程中，集中风险往往是投资组合面临的主要威胁之一。集中风险是指投资过度集中于某一资产、行业或地域，导致投资组合缺乏多样化，从而承担了额外的非系统性风险。当市场环境发生不利变化时，集中持有的资产价格大幅波动，将对投资组合的整体收益造成严重冲击。因此，有效地应对集中风险，是投资组合管理与优化过程中不可或缺的重要环节。

针对集中风险，投资者可以采取一系列策略予以缓释和控制。通过资产配置的多元化，可以有效地分散投资风险。这意味着投资者需要在不同资产类别、行业板块和地域市场之间进行合理配置，避免过度集中于单一资产或领域。通过构建包含股票、债券、商品、不动产等多种资产的组合，并且在各资产类别内部也保持一定的分散度，投资者可以显著降低非系统性风险，提高投资组合的稳健性。

动态调整资产权重也是应对集中风险的重要手段。投资者应密切关注市场动向，根据宏观经济形势、行业景气度等因素的变化，适时调整各资产的配置比例。当某一资产或行业面临较高的集中风险时，投资者可以主动降低其权重，转而配置于风险较低的资产，以维护组合的整体平衡。这种动态调整策略需要投资者具备敏锐的市场洞察力和灵活的决策能力，通过对风险的前瞻性判断和及时应对，有效地规避潜在的损失。

运用对冲工具也是化解集中风险的有力武器。投资者可以利用期货、期权等衍生品工具，对冲投资组合中的特定风险敞口。例如，当投资者判断某一资产面临下行压力时，可以通过购买相应的看跌期权，或者卖出相应的期货合约，来锁定潜在的损失。对冲操作虽然会带来一定的成本，但在市场剧烈波动的情况下，往往能够有效地抵御集中风险的冲击，保护投资组合的价值。

量化风险管理技术的运用，也是控制集中风险不可或缺的手段。投资者可以借助VAR、ES等风险度量模型，评估投资组合的风险暴露程度，识别潜在的风险集中点。通过设定风险预算和限额，严格控制单一资产或行业的投资规模，投资者可以将集中风险控制在可接受的范围内。同时，压力测试等情景分析工具也有助于评估极端市场条件下投资组合的潜在损失，为风险防范提供重要参考。

四、绩效评估与监控机制

（一）建立绩效评估标准与指标

建立科学合理的绩效评估标准与指标体系是保障投资组合管理与优化的关键。在复杂多变的市场环境下，如何准确评估投资组合的表现，及时发现潜在风险，对于企业的长期发展至关重要。绩效评估标准与指标的设定需要充分考虑投资组合的特点、投资目标以及风险偏好等因素，既要全面客观，又要具有针对性和可操作性。

从投资组合的特点来看，不同的资产类别、投资风格和策略会导致绩效表现的差异。因此，在设计评估标准时，需要针对不同资产的特性，选取与之相适应的指标。例如，对于权益类资产，可以重点关注收益率、夏普比率、詹森指数等指标；而对于固定收益类资产，则需要更加关注久期、凸性、信用利差等指标。只有选取合适的评估维度，才能真实反映投资组合的绩效水平。

从投资目标的角度来看，绩效评估标准应该与企业的战略规划相一致。不同的投资目的会对应不同的评估重点。例如，以资本增值为目标的投资组合，需要更加关注总回报率、复合年化收益率等指标；而以现金流管理为目标的投资组合，则需要重点评估现金流的稳定性和可预测性。因此，在设定评估标准时，要充分考虑投资组合的既定目标，选取能够有效地衡量目标实现程度的关键指标。

风险偏好也是影响绩效评估标准选择的重要因素。不同的投资者对风险的承受能力各不相同，这就需要在评估体系中引入与风险相关的指标，如波动率、最大回撤、在险价值等。通过风险调整后的收益指标，可以更加客观地评判投资组合的风险收益特征，为投资决策提供重要参考。同时，还需要结合压力测试、情景分析等方法，评估投资组合在极端市场环境下的表现，以检验其抗风险能力。

在构建绩效评估体系时，还需要注重指标的针对性和可操作性。评估指标应该具有明确的定义和计算方法，数据来源要准确可靠，以确保评估结果的一致性和可比性。同时，评估体系还应该与组合管理的流程相协调，为投资决策、风险控制、业绩归因等环节提供有力支撑。通过将评估结果与管理实践紧密结合，可以形成良性互动，不断优化组合的资产配置和投资策略。

建立动态调整机制也是完善绩效评估体系的重要内容。市场环境瞬息万变，投资组合的目标和策略也可能随之调整。因此，评估标准和指标应该具有一定的灵活性，能够适应内外部条件的变化。定期回顾和调整评估体系，可以确保其持续的有效性和针对性。通过动态优化，评估体系才能真正成为组合管理的重要抓手和决策依据。

(二) 实行定期与异常绩效评估

实行定期与异常绩效评估是投资组合管理与优化中不可或缺的重要环节。绩效评估的频率设定需要兼顾时效性和成本效益，既要及时发现问题，又要避免过于频繁而增加不必要的成本。通常情况下，季度评估或半年度评估较为适宜，可以比较全面地反映投资组合的整体表现。但在市场出现剧烈波动或投资策略发生重大调整时，应适当增加评估频率，如改为月度评估，以便更加及时地掌握动态变化，快速应对潜在风险。

绩效评估不应局限于常规的定期评估，更要重视对异常情况的及时评估与处理。当投资组合的收益率、风险水平等关键指标出现明显偏离预期目标时，就需要启动异常绩效评估机制。这种评估往往具有更强的针对性和紧迫性，需要投资管理团队迅速查明原因，分析问题的严重程度和影响范围，并制定相应的应对措施。异常绩效评估的重点在于发现问题、分析原因、制定对策，而非简单地追究责任或惩罚个人。

无论是定期评估还是异常评估，都应该本着客观公正、实事求是的原则，全面考察投资组合的各项指标和影响因素。评估过程中要充分听取相关人员的意见和建议，综合运用定量分析和定性分析的方法，深入剖析投资组合的优势和不足，准确把握面临的机遇与挑战。在此基础上，形成切实可行的改进方案和优化策略，为后续的投资决策提供有力支撑。

（三）利用外部和内部监控机制

企业投资绩效的优化离不开外部监管和内部控制的协同作用。外部监管机制主要包括政府监管、市场监督以及社会舆论监督等。这些外部力量能够从宏观层面规范企业投资行为，防范系统性风险。例如，政府出台的产业政策、财政税收政策等，对企业的投资方向和规模具有重要的引导和约束作用。而证券监管部门对上市公司信息披露的要求，则有助于提高企业投资决策的透明度，保护投资者权益。

与此同时，企业内部控制机制在微观层面发挥着更为关键的作用。科学完善的内部控制体系，能够有效地识别、评估和应对投资过程中的各种风险，确保投资决策的合规性和有效性。具体而言，企业需要建立健全投资项目评估与审批制度，明确各部门、各岗位的职责权限，规范投资决策流程。同时，还要加强投资项目全过程管理，及时跟踪检查项目进展情况，动态评估投资风险，必要时及时采取应对措施。

完善的内部控制还应包括严格的财务管理和绩效考核。通过全面预算管理、成本控制等手段，企业可以合理配置资源，提高资金使用效率。建立科学的投资绩效评价体系，将投资回报率、资本回报率等指标纳入考核范畴，则有助于调动管理层的积极性，促使其审慎决策、规避风险。

外部监管与内部控制并非割裂的两个方面，而应形成合力，协同发挥作用。一方面，外部监管为内部控制提供了基本的制度框架和行为规范，使其有法可依、有章可循。另一方面，有效的内部控制又是企业适应外部监管要求、实现合规经营的重要保障。只有二者有机结合、相互促进，才能真正实现企业投资绩效的持续优化。

第三章 企业融资决策实践

第一节 融资渠道与方式选择

一、内部融资与外部融资比较

(一) 内部融资的概念及其优势

内部融资是企业通过自身积累和运营获取资金的方式，相较于外部融资，它具有一系列独特的优势。从成本角度来看，内部融资无须支付利息，不会产生额外的财务费用，因此融资成本较低。这对于资金紧张的企业而言尤为重要，能够减轻其财务负担，提高资金使用效率。同时，内部融资也不需要向外部提供抵押或担保，不会对企业的资产和信用产生影响，有利于维护企业的财务独立性。

从风险角度来看，内部融资风险相对可控。由于资金来源于企业内部，不存在外部债权人，因此不会面临债务违约、资不抵债等风险。即便企业经营出现波动，也不会受到外部资金压力的影响，能够更加灵活地应对市场变化。内部融资还能够避免股权稀释的风险。相比之下，通过发行新股等方式进行外部权益融资，将导致原股东的持股比例下降，削弱其对企业的控制力。

从灵活性角度来看，内部融资能够根据企业的实际需求，快速、便捷地调动资金，满足企业发展的需要。相较于外部融资，内部融资不需要经过复杂的审批流程，不受外部环境和政策的制约，因此筹资速度更快，使用更加灵活。这对于把握市场机遇、快速扩张业务的企业而言至关重要。通过内部融资，企业能够在第一时间调动资金，抢占市场先机，赢得竞争优势。

从决策自主性角度来看，内部融资能够最大限度地维护企业的经营自主权。由于不涉及外部资金的引入，企业无须接受外部投资者的监管和干预，能够根据自身发展战略和市场判断，自主决策资金的使用和投向。这有利于企业保持经营的连贯性和独立性，不会因为外部因素的影响而改变既定的发展方向。同时，内部融资也能够最大限度地保护企业的商业机密，避免核心信息外泄的风险。

（二）外部融资的概念及其重要性

外部融资是企业资金来源的重要组成部分，对于企业的发展壮大具有不可或缺的作用。与内部融资相比，外部融资能够为企业提供更为广阔的资金渠道，满足企业在不同发展阶段对资金的多样化需求。一方面，外部融资能够有效弥补内部资金的不足，为企业的生产经营活动提供必要的资金支持。特别是对于处于起步阶段或快速成长期的企业而言，内部积累往往难以满足企业扩张的资金需求，此时通过外部融资引入资金，能够帮助企业抓住市场机遇，实现跨越式发展。另一方面，外部融资还能够优化企业的资本结构，提升企业的风险抵御能力。通过引入外部投资者，企业可以分散经营风险，降低对单一融资渠道的依赖。同时，合理的债务融资还能够发挥财务杠杆效应，在不增加股权稀释的情况下，提高企业的资金使用效率和收益水平。

从外部融资的具体形式来看，包括债务融资和权益融资两大类。债务融资是指企业通过向外部机构或个人借款的方式获取资金，主要包括银行贷款、发行债券等。这种融资方式的特点是融资成本相对固定，且不涉及企业所有权的变更，因此受到许多企业的青睐。但同时，债务融资也意味着企业需要承担还本付息的压力，并面临一定的财务风险。相比之下，权益融资则是指企业通过出让部分股权的方式引入外部投资者，代表性形式包括天使投资、风险投资、私募股权投资、首次公开募股（IPO）等。与债务融资不同，权益融资通常不设定固定的还款期限和利息，投资者更看重企业的长期成长前景和投资回报。这种融资方式能够为企业引入包括资金、技术、人脉等在内的多种战略性资源，但也意味着企业需要对外部投资者让渡部分控制权，未来收益也需要与之分享。

选择债务融资还是权益融资，需要企业结合自身的行业特点、发展阶段、资金需求等因素进行综合考量。一般而言，处于初创阶段的企业通常很难获得银行贷款，更倾向于通过权益融资的方式引入风险投资；而对于进入稳定发展期、现金流预期较好的成熟企业，则更倾向于通过银行贷款等债务融资方式获取低成本资金。当然，企业在实际运作中往往会根据具体情况，灵活采用债务融资和权益融资相结合的方式。

除了传统的融资渠道，近年来，我国还涌现出了众筹、P2P网络借贷、融资租赁、产业基金等创新型外部融资方式。这些融资创新在降低融资门槛、提高资金配置效率方面发挥了积极作用，为中小企业的融资难题提供了新的解决思路。例如，众筹融资借助互联网平台，向大众募集项目资金，特别适合轻资产、高科技、创意型企业。而类似融资租赁这样的方式，则通过将设备等资产的所有权和使用权相分离，盘活企业存量资产，拓宽了融资渠道。

随着金融科技的发展和监管环境的完善，未来企业的外部融资方式必将更加多元化，为企业发展提供更加强劲的资金支持。企业应积极拥抱金融创新，根据自身条件选择匹配的融资工具，在做大做强过程中合理利用外部资金杠杆。同时，企业在享受外部融资带来的发展红利时，也需要合理把控融资规模和节奏，避免过度负债导致的财务风险，实现自身可持续发展与外部资金助力的良性互动。

二、债务性融资与权益性融资

（一）债务性融资的基本特性

债务性融资是企业外源融资的主要形式之一，其基本特性决定了其在企业融资决策中的重要地位。从融资成本角度看，与权益性融资相比，债务性融资的资金成本较低。这主要缘于两方面原因：一是债务人承担的风险有限，仅以所借款项为限承担有限责任，风险相对较低；二是债务利息支出可以在税前扣除，存在税盾效应，进一步降低了债务资金的实际使用成本。较低的融资成本使得债务性融资成为许多企业的优先选择。

从融资期限来看，债务性融资通常具有明确的期限和还款计划。企业可以根据自身的资金需求和现金流状况，灵活选择短期或长期债务工具，匹配资产的期限结构。这种期限匹配不仅有利于降低企业的财务风险，也便于企业合理安排资金的使用和周转，提高资金利用效率。与此同时，明确的还款期限也对企业形成了一定的财务约束和压力，倒逼企业提高经营管理水平，改善盈利能力。

从控制权角度看，债务性融资对企业控制权的影响相对较小。与引入新的股东相比，债权人通常不直接参与企业的经营决策，只要企业按期支付利息和本金，债权人对企业内部事务的干预就较为有限。这使得企业管理层能够保持较大的自主权，按照既定的发展战略和经营方针开展工作，不必过多顾及外部干扰。当然，过度依赖债务性融资也可能导致债务约束过重，限制了企业的投资和扩张能力。

从融资便捷性来看，债务性融资通常具有较强的可获得性和可操作性。相比之下，权益性融资受证券市场波动、投资者情绪等因素影响较大，融资成功与否存在较大不确定性。而债务性融资渠道相对丰富，包括银行贷款、债券发行、票据融资等多种形式，不同信用等级的企业都能找到适合自身情况的融资工具。同时，债务融资的申请、审批、发放流程也相对成熟和规范，融资效率较高。

（二）权益性融资的基本特性

权益性融资作为企业筹集资金的重要方式之一，具有其独特的特点和优势。与债务性融资不同，权益性融资是企业通过发行股票等方式吸引投资者成为企业所有者，分享企业经营成果的过程。这种融资方式无须承担固定的利息支出，也不会增加企业的财务风险，对企业的长期发展具有积极意义。

从所有权的角度来看，权益性融资使得投资者成为企业的所有者，能够参与企业的重大决策，分享企业的经营成果。这种所有者身份不仅为企业带来了稳定的资金来源，也有助于完善企业治理结构，促进企业的规范运作。对于投资者而言，权益性投资虽然面临着较高的风险，但也意味着更大的潜在收益，符合高风险高收益的投资原则。

从资金使用的灵活性来看，权益性融资所得资金可以根据企业的实际需要灵活运用，不受债务契约的限制。这为企业的长期发展提供了充足的资金，使其能够专注于业务拓展和技术创新，增强核心竞争力。同时，权益资金的长期性也使得企业能够制定更加长远的发展规划，不必过度关注短期业绩波动，有利于企业的可持续发展。

从财务风险的角度来看，权益性融资不会增加企业的债务负担，也不会产生固定的利息支出。这有助于企业保持良好的资本结构，降低财务风险，提高抗风险能力。即使面临市场环境变化或经营困难，企业也无须承担债务违约的风险，能够更加从容地应对挑战。这对于处于成长期或转型期的企业尤为重要，能够为其发展提供更加稳健的财务基础。

从信息传递的角度来看，权益性融资往往伴随着严格的信息披露要求，企业需要向投资者提供真实、准确、完整的财务和经营信息。这种信息披露机制有助于提高企业经营的透明度，加强投资者对企业的监督，促进企业管理水平的提高。同时，企业通过权益性融资向市场传递了积极的信号，表明其对未来发展前景充满信心，有利于提升企业形象和市场认可度。

（三）选择标准与应用场景分析

企业在进行债务融资和权益融资决策时，需要综合考虑一系列因素，权衡利弊得失，以选择最优的融资方式组合。首先，企业应评估自身的资本结构和负债水平。若企业资产负债率已然较高，过度依赖债务融资可能加剧财务风险，导致偿债压力激增。此时，适度增加权益融资比例有助于优化资本结构，降低财务杠杆，增强抗风险能力。其次，企业应考虑所处的发展阶段和行业特征。处于初创期、成长期的企业，现金流状况往往较为紧张，难以承担较高的债务成本，股权融资可为其提供必要的长期资金支持。而成熟期企业则可凭借稳定的经营业绩和偿债能力，适度使用财务杠杆，以债务融资撬动收益增长。同时，周期性行业的企业需要关注宏观经济波动对融资环境的影响，在经济低迷期谨慎举债，以避免资金链断裂风险。最后，企业应权衡债务融资和权益融资的成本收益。一般而言，债务融资的显性成本低于权益融资，但潜在的财务风险和道德风险不容忽视。当企业经营状况恶化、现金流趋紧时，过高的债务负担可能引发债务违约、资不抵债等风险。相比之下，权益融资虽然稀释了股权，摊薄了收益，但不存在强制性还本付息压力，更具灵活性和安全性。因此，成本收益的权衡不能仅看表面，更要将风险因素纳入考量。

融资决策还需兼顾企业控制权和治理结构。对于注重所有权控制的企业创始人或家族股东而言，维持控股地位至关重要。过度引入外部股东可能削弱其控制力，引发代理问题和内部权力制衡。因此，他们可能更倾向于通过债务融资来满足资金需求。相反，职业经理人掌舵的企业则可能更看重财务稳健和价值增长，更乐于接受外部投资者的资本与智慧，通过股权融资优化治理机制。

宏观环境和政策导向也是融资决策时必须考虑的维度。紧缩的货币政策、信用收缩的银行体系，会抬高企业债务融资的门槛和成本。相比之下，积极的产业政策、完善的多层次资本市场，则有利于企业通过资本市场进行股权融资。因此，紧跟政策步伐，把握有利时机，对于企业的融资决策至关重要。

三、政策性融资与商业性融资

（一）政策性融资的定义与特点

政策性融资是指由政府部门或相关机构提供的，旨在支持特定领域、行业或企业发展的资金支持。与商业性融资相比，政策性融资具有一些鲜明特点。

政策性融资的目的具有很强的导向性。政府通过提供优惠贷款、财政补贴、税收减免等方式，引导资金流向符合国家战略、产业政策的领域，如基础设施建设、高新技术产业、现代服务业等。这种融资方式能够有效弥补市场失灵，推动经济结构调整和产业升级。

政策性融资的条件相对宽松。与商业银行等金融机构相比，政策性金融机构在贷款利率、期限、担保等方面通常给予企业更多优惠和便利。这有助于降低企业融资成本，缓解其资金压力，特别是对于初创企业、小微企业而言，政策性融资往往是其起步发展阶段的重要支持。

政策性融资的风险分担机制更为灵活。由于政策性考量，政府可以通过贴息、担保、风险补偿等方式，分担企业的融资风险。这在一定程度上减少了金融机构的风险顾虑，提高了其支持实体经济的积极性。同时，针对某些重点领域和项目，政府还会设立专项基金，采取股权投资、无偿资助等方式给予支持，进一步拓宽了企业的融资渠道。

政策性融资的评估体系更加全面。除了考察企业的财务状况、信用记录等传统指标外，政策性金融机构还会评估企业项目的社会效益、环境影响、技术先进性等因素。这种综合评估有助于选择真正符合国家发展需求、具有长远价值的项目，提高资金使用效率。当然，政策性融资也存在一些局限和风险。由于其资金来源主要是财政拨款或者债券发行，规模和持续性受制于政府财力和债务水平。如果缺乏必要的市场化约束和风险控制，还可能导致资源错配和道德风险问题。因此，政府在运用政策性融资工具时，既要发挥其“四两拨千斤”的杠杆作用，又要建立健全法治化、市场化的运行机制，强化事中事后监管，提高政策的精准性和有效性。

（二）商业性融资的定义与优势

商业性融资是指企业或个人从金融机构或其他市场主体获取资金的行为，其目的是满足生产经营、投资扩张等方面的资金需求。与政策性融资相比，商业性融资更加注重市场化原则，强调风险与收益的平衡，以盈利为导向。商业性融资的优势主要体现在以下几个方面：

商业性融资的渠道更加多样化。除了传统的银行贷款之外，企业还可以通过发行债券、股票等方式从资本市场直接融资，也可以利用融资租赁、商业保理等创新型融资工具盘活存量资产，拓宽融资渠道。这种多元化的融资方式为企业提供了更多选择，有利于优化融资结构，降低融资成本。

商业性融资更加灵活便捷。与政策性融资相比，商业性融资审批流程更加市场化，效率更高。金融机构会根据企业的信用状况、经营前景等因素确定贷款利率和期限，双方可以根据实际情况进行协商，达成灵活的融资安排。这种灵活性有助于企业及时获得所需资金，把握市场机遇。

商业性融资有利于提升企业的市场竞争力。通过市场化的融资活动，企业可以获得充足的资金支持，加大研发投入，改进生产工艺，提高产品质量，从而增强核心竞争力。同时，商业性融资也是企业信用的重要体现。通过规范的融资行为，按时足额偿还本息，企业可以树立良好的市场形象，赢得投资者和合作伙伴的信任，为长远发展奠定基础。

商业性融资有助于优化资源配置。通过价格机制和竞争机制，商业性融资可以引导资金流向最有效率的领域和项目，促进经济结构调整和产业升级。那些盈利前景好、成长性强的企业将获得更多的资金支持，而经营状况欠佳的企业则可能面临融资约束，被迫进行改革或退出市场。这种优胜劣汰的机制有利于提高资源利用效率，推动经济高质量发展。

企业在选择融资方式时，既要发挥商业性融资的优势，也要审慎评估自身条件和外部环境，平衡好融资成本和风险。对于大多数企业而言，商业性融资与政策性融资并非对立的选择，而是应该有机结合、相互补充。只有在融资决策中坚持市场化、法治化原则，不断优化融资结构，提高资金使用效率，才能为企业的可持续发展提供坚实的资金保障。

（三）双方角色解析与选择依据

政策性融资和商业性融资是企业融资渠道选择中两种重要的融资方式。政策性融资主要是指企业通过政府或政策性金融机构获取资金支持，这类融资通常具有利率优惠、期限较长、担保要求相对宽松等特点。政策性融资对于支持企业发展，尤其是战略性新兴产业和中小微企业的成长具有积极意义。通过享受财政贴息、风险补偿等优惠政策，企业能够获得成本相对较低的资金，减轻财务压力，加快技术研发和产业化进程。

商业性融资则主要来自银行、证券市场等金融机构，以市场化方式开展。商业性融资的利率水平通常高于政策性融资，审批流程也更为严格，对企业的信用状况、抵押品价值等要求较高。但商业性融资的优势在于其规模更大、渠道更为多元化，能够满足企业更为灵活多样的资金需求。通过商业银行贷款、发行企业债券、上市融资等方式，企业能够获取大规模、持续性的资金支持，推动产能扩张和业务发展。

在实践中，政策性融资和商业性融资并非完全对立，而是相辅相成、优势互补的关系。一方面，政策性融资能够引导和带动更多社会资本支持重点产业和领域，发挥“四两拨千斤”的杠杆效应。许多商业银行和投资机构也将政府产业政策作为重要的投资决策参考。另一方面，商业性融资能够弥补政策性融资在规模和效率上的不足，满足企业多层次、个性化的融资需求。部分创新型中小企业受规模和信用等条件限制，可能无法获得足够的政策性融资支持，这时商业性融资就显得尤为重要。

企业在选择政策性融资和商业性融资时，需要立足自身发展阶段和资金需求特点，权衡融资成本、期限、规模等因素，同时兼顾外部金融环境和产业政策导向。对于初创期企业而言，政策性融资能够提供“雪中送炭”的低成本资金支持，帮助企业渡过难关；而成长期企业则可通过商业性融资获取规模化资金，实现跨越式发展。

企业还应积极拓宽新型融资渠道，创新融资模式。随着金融科技的发展和监管环境的优化，众筹、融资租赁、供应链金融等融资创新方兴未艾，为中小企业融资开辟了广阔空间。企业可充分利用互联网平台，借助大数据风控技术，探索与产业链上下游企业的协同融资，提高资金使用效率。同时，企业还应加强自身信用建设，完善财务管理和信息披露，为获取优质高效的融资打好基础。

四、创新型融资渠道探索

（一）创新型融资模式的兴起

创新型融资模式的兴起源于企业融资需求的多样化和金融市场的快速发展。随着经济全球化的深入推进和科技创新的不断加速，传统的银行信贷等融资渠道已经难以满足企业灵活多变的资金需求。尤其是对于中小企业、高新技术企业等融资难度较大的群体而言，创新型融资模式的出现为其提供了新的发展机遇。

从宏观经济环境看，利率市场化改革的推进、多层次资本市场体系的构建以及金融监管政策的优化调整，都为创新型融资模式的发展创造了有利条件。在利率市场化的背景下，企业可以根据自身的风险特征和融资偏好，灵活选择债券、票据等多种融资工具，有效降低融资成本。同时，多层次资本市场的建设为企业股权融资提供了更为广阔的平台，扩大了直接融资比例。针对性的金融监管政策，如小微企业金融服务的专项要求、债券市场分层管理等，进一步促进了创新型融资模式的规范发展。

从微观企业需求看，日益激烈的市场竞争和快速迭代的技术创新，对企业的资金实力和融资能力提出了更高要求。传统的银行贷款往往审批周期长、抵押担保要求高，难以适应企业“短、频、急”的融资特点。而股权质押贷款、应收账款质押贷款、知识产权质押贷款等创新型质押融资方式，能够盘活企业存量资产，提高融资灵活性和便捷性。对于处于初创期、成长期的科技型企业，股权众筹、天使投资、风险投资等权益性融资模式，既能够满足其前期研发、市场拓展的资金需求，又能够引入专业投资机构的管理经验和人脉资源，推动企业快速成长。

大数据、云计算、人工智能等前沿技术在金融领域的深度应用，也是驱动创新型融资模式发展的重要力量。金融科技的兴起打破了传统金融服务的时空限制，极大拓宽了中小微企业融资的渠道和方式。众多金融科技平台依托大数据风控技术，建立起全新的信用评估和风险定价模型，为缺乏抵质押物的中小微企业提供了无担保信用贷款服务。供应链金融、产业链金融等模式创新，则立足产业链上下游企业间的真实贸易背景，通过应收账款融资等方式盘活供应链资金，化解中小企业融资难题。在“互联网＋”的时代背景下，创新型融资模式与信息技术的深度融合，必将催生出更多行业解决方案，重塑企业融资新生态。

（二）创新型融资方式分析

创新型融资方式的兴起背景复杂多元，既有宏观经济形势和产业结构调整的驱动，也有金融科技进步和监管政策变革的推动。在当前经济增速放缓、传统产业转型升级的大背景下，中小企业面临着融资难、融资贵的问题，传统的间接融资渠道难以满足其发展需求。与此同时，互联网金融的蓬勃发展和金融科技的广泛应用，为企业融资带来了新的机遇。创新型融资方式应运而生，如供应链金融、知识产权质押贷款、股权众筹等，为中小企业特别是轻资产、高成长的创新型企业提供了多元化的融资选择。

以供应链金融为例，它依托产业链上下游企业间的真实贸易背景，将融资与企业经营活动紧密结合，一定程度上缓解了中小企业“缺信用、缺抵押”的融资困境。龙头企业凭借其信用优势，向银行等金融机构申请授信额度，上游供应商和下游经销商可在额度内向其申请融资，银行通过对贸易背景和应收账款的审核控制风险。这种融资模式盘活了供应链上的大量应收账款，加速了资金流转，推动了产业链的稳定发展。

知识产权质押贷款则是针对轻资产、高新技术企业的融资需求而发展起来的。这类企业虽然缺乏传统意义上的抵押物，但往往拥有专利、商标、版权等无形资产。通过知识产权质押，企业可以获得银行贷款，缓解研发投入压力，加速科技成果转化。以专利质押为例，企业将专利权质押给银行，获得相应的贷款；在约定期限内，企业定期支付利息，并在期满时归还本金，取回专利权。这种融资方式不仅为创新型企业提供了资金支持，也有利于提升知识产权的商业价值，激励科技创新。

股权众筹作为互联网时代的新兴融资方式，通过网络平台聚集众多中小投资者的资金，支持创业企业的发展。相较于传统的股权融资，众筹门槛更低，信息披露更充分，为创业者和投资者搭建了高效对接的桥梁。对于创业企业而言，股权众筹不仅提供了启动资金，也是一次市场检验，有助于优化商业模式、扩大品牌影响力。对于投资者而言，参与众筹有助于分散风险，分享创新创业的成果。近年来，随着监管政策的完善和投资者教育的加强，股权众筹日益规范化、专业化，发展前景广阔。

（三）创新型融资的可行性及挑战

创新型融资方式的出现为企业发展注入了新的活力，但同时也带来了诸多挑战。从可行性角度来看，创新型融资的实施需要多方面条件的支持。首先，创新型融资模式通常对企业的信用等级和财务状况提出了更高要求。只有资信优良、运营稳健的企业才能获得投资者的青睐，顺利开展创新型融资。其次，创新型融资的推进离不开完善的法律法规和政策环境。相关部门需要制定配套措施，明确各方权责，营造良好的融资生态。最后，创新型融资的实施还需要专业化的金融服务和人才支撑。金融机构应提供个性化、差异化的产品，并配备懂技术、懂管理的复合型人才，为企业的创新型融资保驾护航。

从挑战性角度来看，创新型融资在为企业带来机遇的同时，也伴生一定风险。一方面，部分创新型融资模式尚处于探索阶段，缺乏成熟的运作模式和风控机制。企业在尝试新的融资方式时，可能面临更大的不确定性和市场波动风险。另一方面，创新型融资对企业的治理结构和管理水平提出了更高要求。企业需要建立科学的决策机制和风险防控体系，提升自身的管理能力和抗风险能力，方能在创新型融资中稳健前行。创新型融资还可能加剧企业间的竞争态势。掌握先进技术、拥有核心资源的优质企业在融资市场上更具优势，而传统企业则面临更大的挑战和压力。

企业要审时度势、因势利导，客观评估自身条件，选择契合发展需求的融资模式。同时，企业还应加强内部管理，提升风险防控能力，在把握机遇的同时有效规避风险。只有平衡好创新与风控的关系，企业才能在创新型融资的浪潮中乘风破浪，实现高质量、可持续发展。这对企业自身，乃至整个社会经济生态系统的优化升级都具有重要意义。

第二节　融资成本与期限结构

一、融资成本的构成

（一）直接融资成本

在企业融资过程中，直接融资成本是一个不可忽视的重要因素。直接融资成本主要包括发行费用和相关手续费，如承销费、审计费、律师费、信息披露费等。这些费用虽然在金额上可能不如间接融资成本那样巨大，但却直接影响了企业融资的效率和融资成本。

对于通过股票、债券等方式进行直接融资的企业而言，发行费用往往占据了融资总额的一定比例。这一比例的高低直接关系到企业的融资成本。如果发行费用过高，企业实际获得的融资额就会大打折扣，融资效率也会受到影响。因此，企业在选择承销商、中介机构时，需要进行细致的比较和筛选，尽可能降低发行费用，提高融资效率。

除了发行费用外，一些相关的手续费也会对企业直接融资成本产生影响。例如，在发行债券时，企业需要支付信用评级费用；在发行股票时，需要支付证券登记费等。虽然这些费用相对发行费用而言金额较小，但累积起来也会形成一定的成本负担。因此，企业在进行直接融资决策时，也需要充分考虑这些相关手续费的影响。

随着金融市场的发展和监管环境的变化，一些影响直接融资成本的因素也在不断变化。例如，随着信息披露制度的完善，企业信息披露的成本可能会有所上升；而随着金融科技的发展，一些传统的发行手续可能会得到简化，相关费用也会有所下降。因此，企业需要密切关注市场和政策环境的变化，及时调整融资策略，优化融资成本。

（二）间接融资成本

间接融资是企业通过金融中介机构获得资金的过程，这种融资方式虽然能够有效弥补企业自有资金的不足，但同时也面临着独特的成本问题。信息不对称是间接融资中普遍存在的现象。企业掌握着关于自身经营状况、投资项目质量等方面的私有信息，而金融机构难以全面、准确地了解这些信息。在信息不对称的情况下，金融机构往往会提高贷款利率或要求更多抵押品，以防范潜在的违约风险，这无疑增加了企业的融资成本。

代理问题也是间接融资中的一大隐患。在“所有权”与“经营权”分离的现代企业中，管理层可能存在损害出资人利益、谋取私利的动机。当管理层利用金融机构贷款从事高风险投资或过度消费时，一旦出现经营失败，企业将难以偿还债务，从而陷入财务危机。为规避代理风险，金融机构不得不加强对企业的监督，频繁介入企业经营决策，这又进一步提高了企业的融资成本。

间接融资还可能引发“逆向选择”问题。在信贷市场上，优质企业和劣质企业混杂一起，金融机构难以有效区分。如果金融机构对所有企业一视同仁，采取较高的平均利率定价，就可能导致优质企业因融资成本过高而退出市场，劣质企业仍然借贷，整个信贷资金配置效率低下。这种逆向选择效应进一步加剧了信息不对称程度，形成恶性循环。

间接融资中还存在着“道德风险”问题。一些企业在获得贷款后，可能突然改变资金用途，将资金挪作他用，甚至从事违法活动。更有甚者，企业故意拖延还款、逃废债务，给金融机构造成损失。金融机构为防范道德风险，不得不投入更多人力物力对企业实施贷后管理，间接融资成本因此水涨船高。

（三）机会成本

资金占用及其替代机会成本对企业融资决策具有重要影响。在融资过程中，企业需要综合考虑资金的时间价值、风险溢价以及替代投资机会的收益率等因素，以权衡融资方案的经济效益。

从资金时间价值的角度看，资金占用时间越长，其机会成本越高。企业在进行长期融资时，应充分考虑资金的使用效率和周转速度，以减少资金闲置带来的机会损失。同时，长期资金占用还意味着企业面临更大的利率风险和再融资风险，这都会提高企业的融资成本。因此，企业应根据自身的资金需求特点和现金流状况，合理搭配短期融资与长期融资，优化资金使用效率。

从风险溢价的角度看，不同融资方式的风险特征和担保要求存在差异，相应地影响着企业的资金成本。一般而言，债务融资的风险溢价低于权益融资，因为债权人拥有优先求偿权，而股东承担剩余索取权。但过度依赖债务融资会提高企业的财务杠杆和破产风险，从而推高债务资金的风险溢价。因此，企业在制定融资方案时，应综合权衡资金成本与财务风险，适度平衡债务融资与权益融资的比例，以实现风险收益的合理匹配。

从替代投资机会的角度看，企业在进行融资决策时，还需考虑资金的替代使用价值。当企业有多个可选的投资项目时，应优先选择那些收益率高于融资成本的项目。换言之，企业的资金成本不仅包括直接的融资费用，还包括放弃其他投资机会的机会成本。因此，企业应对可行的投资方案进行详细的成本收益分析，权衡资金的使用效益，以实现股东价值最大化。

宏观经济环境的变化也会影响企业资金的机会成本。在经济衰退期，市场投资收益率普遍下降，企业持有资金的机会成本相对较低；而在经济扩张期，市场投资机会增多，资金的时间价值和替代收益率相应提高。因此，企业应结合对宏观经济形势的判断，动态调整融资策略，把握有利时机，降低资金占用的机会成本。

企业在制定融资决策时，必须充分考虑资金占用的时间成本、风险成本和机会成本，权衡融资的经济效益和风险收益特征，并结合宏观经济环境的变化趋势，动态优化融资方案，以实现企业价值最大化。只有审慎评估资金占用的成本效益，综合平衡资金的使用效率与使用效益，企业才能在融资实践中作出最优决策，为企业的可持续发展提供有力支撑。

二、融资成本的影响因素

（一）宏观经济环境

宏观经济环境的变化对企业融资成本产生重大影响。利率水平是影响融资成本的关键因素之一。当央行调整基准利率时，商业银行的贷款利率也会随之变动，进而影响企业的债务融资成本。利率上升会增加企业的财务费用，压缩其利润空间；反之，利率下降则有利于降低企业的融资成本，改善其财务状况。除了利率因素，汇率波动也会对跨国企业的融资决策产生影响。汇率升值会提高企业以外币计价的债务成本，而汇率贬值则会产生相反的效果。因此，跨国企业需要审慎评估汇率风险，合理选择融资币种和融资工具，以规避汇率波动带来的不利影响。

宏观经济环境的不确定性也会影响企业融资成本。在经济衰退期，企业面临的经营风险上升，现金流趋紧，债务违约概率增加。这种情况下，债权人会要求更高的风险溢价，导致企业融资成本的上升。相反，在经济繁荣期，企业盈利能力增强，偿债能力提高，债权人的风险溢价要求会相应降低，企业融资成本也会随之下降。因此，企业需要密切关注宏观经济形势的变化，根据自身发展阶段和资金需求，动态调整融资策略，力争在各种经济周期中保持较为稳定的融资成本。

宏观经济政策的变动也会影响企业融资成本。积极的财政政策如减税降费，可以减轻企业的税收负担，改善其现金流状况，从而降低其外部融资需求和融资成本。稳健的货币政策有助于保持利率水平的相对稳定，减少利率波动对企业融资成本的冲击。相反，紧缩的财政货币政策则可能加重企业的财务负担，推高其融资成本。因此，企业需要关注宏观经济政策导向，提前做好应对预案，最大限度地降低政策变动对融资成本的负面影响。

市场情绪也是影响企业融资成本的重要因素。当市场信心充足，投资者风险偏好上升时，他们对企业债券的需求会增加，债券价格上涨，发行利率下降，企业融资成本随之降低。反之，当市场避险情绪浓重，投资者风险偏好下降时，企业债券需求萎缩，发行利率上升，融资成本也会随之增加。因此，企业需要把握市场情绪变化，选择在市场信心充足、风险偏好较高的时点进行融资，以获得较低的融资成本。

（二）企业信用状况

信用评级作为评估企业信用风险的重要工具，对企业融资成本的高低起着关键作用。一般而言，信用等级越高，企业的融资成本就越低；信用等级越低，融资成本就越高。这是因为信用评级从偿债能力、盈利能力、现金流量等多个维度反映了企业的综合信用风险，而这些指标都与企业的还本付息能力密切相关。

对于信用等级较高的企业而言，其经营状况稳健，财务指标优异，现金流充裕，债务违约风险较低。因此，银行等金融机构往往愿意给予其较为优惠的贷款利率，债券发行也能获得较低的票面利率，从而降低了企业的融资成本。以AAA级企业为例，其银行贷款利率通常比AA级企业低0.5～1个百分点，债券发行利率也有50～80个BP的优势。长期来看，这种融资成本的差异会对企业的利润增长和价值创造产生重大影响。

反观信用等级较低的企业，其经营风险较高，偿债能力存疑，信用风险突出。为了规避风险，贷款银行会提高贷款利率作为风险补偿，债券发行也需要更高的票面利率来吸引投资者，导致企业融资成本居高不下。以BB级企业为例，其发债成本往往高出AAA级企业200～300个BP，资金成本劣势明显。而资金成本的高企又会进一步加剧企业的财务风险，形成恶性循环，制约企业的长期发展。

除了直接影响融资定价，信用评级对企业融资可得性也有重要影响。信用等级越高，企业从银行获得贷款、在资本市场发行债券就越容易；反之则融资渠道有限，审批难度加大。根据统计，AAA级企业的发债批文获批率高达95%以上，而BB级企业的这一比例不足50%。可见，信用状况不仅决定了企业的融资成本，更关乎其融资便利性和可持续性。

信用评级对融资成本的影响存在行业差异。总体而言，资本密集型行业如房地产、基础设施等，其负债率较高，现金流波动较大，更容易受到信用评级的影响；而轻资产行业如消费品、TMT等，负债水平较低，现金流稳定，受评级影响相对较小。同时，宏观经济形势、行业周期等因素也会影响评级作用的强弱。经济下行期，信用利差往往走阔，评级对融资成本的影响更为显著；而经济向好期，利差则会收窄，评级的作用有所减弱。因此分析信用评级对融资成本的影响，需要立足企业所处的行业特征和宏观背景，动态地把握其变化规律。

（三）融资结构选择

不同的融资方式，如债务融资、权益融资、混合融资等，其所涉及的风险、收益、期限、灵活性等特征都存在显著差异。企业需要根据自身的资本结构、信用状况、发展阶段等因素，权衡各种融资方式的利弊，选择最优的融资组合，以实现融资成本的最小化。

债务融资是企业通过向外部借入资金来满足资金需求的一种方式，主要包括银行贷款、发行公司债券等。债务融资的优势在于，利息支出可以在税前扣除，具有“税盾效应”，能够降低企业的实际融资成本。同时，债务融资不会稀释股权，不影响企业的控制权。但是，过度依赖债务融资会提高企业的财务杠杆和财务风险，增加偿债压力和财务困境的可能性。债务的利率水平受到宏观经济环境和企业信用等级的影响，波动性较大。

权益融资是企业通过发行股票等方式向投资者募集资金的过程。与债务融资相比，权益融资无须支付固定利息，不会产生偿债压力，财务风险相对较低。同时，权益资金的使用具有较大的灵活性，不受期限限制。但是，权益融资会稀释原有股东的控制权和收益权，引入新的利益相关者。权益融资的发行成本较高，如承销费用、法律费用等，且受股票市场行情影响较大。

混合融资是指企业综合运用债务融资和权益融资等多种方式进行融资。通过优化债务和权益的比例，平衡风险和收益，混合融资能够兼顾债务融资的税盾效应和权益融资的财务灵活性，从而降低企业的综合融资成本。但是，混合融资的设计需要考虑诸多因素，如税收政策、资本市场环境、企业生命周期等，对企业的财务管理能力提出了较高要求。

企业在选择融资结构时，还需要考虑行业特征和自身发展阶段。不同行业的资本密集度、周期性、技术水平等存在差异，对融资方式的需求也不尽相同。例如，重资产行业如房地产、基础设施等，通常倾向于债务融资；而轻资产行业如互联网、科技等，更青睐权益融资。同时，企业在初创期、成长期、成熟期和衰退期等不同发展阶段，其现金流状况、风险承受能力、资金需求也会发生变化，需要相应调整融资结构。

三、融资期限结构的确定

（一）期限匹配原则

期限匹配原则要求企业在确定融资方案时，应尽可能地使资产的使用期限与负债的偿还期限相匹配。具体而言，企业应该用长期资金来购置长期资产，用短期资金来满足短期营运资金的需求。这一原则的核心在于，保持企业资产负债的期限结构均衡，避免因期限错配而导致的财务风险。

从理论上讲，期限匹配原则有助于降低企业的财务风险。如果企业用短期负债来购置长期资产，一旦短期债务到期无法及时偿还，企业就可能陷入财务危机。相反，如果企业能够做到长短期资金的合理匹配，就能有效降低偿债压力，提高财务稳健性。同时，期限匹配还能减少企业资金闲置的情况，提高资金使用效率。例如，如果企业使用长期资金来满足短期资金需求，资金就可能在一段时间内处于闲置状态，影响企业的整体收益。

从实践来看，期限匹配原则对于不同类型的企业具有不同的意义。对于资本密集型企业而言，固定资产投资规模大，资金需求量大，期限匹配原则尤为重要。这类企业需要通过发行长期债券、长期借款等方式来满足长期资金需求，以保证资产负债期限的匹配。而对于轻资产企业，由于固定资产投入相对较少，期限匹配的压力相对较小。但即便如此，轻资产企业也应该遵循这一原则，合理安排短期融资，以满足日常运营的资金需求。

期限匹配原则并非一成不变的教条，企业在具体应用时需要根据自身特点和外部环境进行灵活调整。例如，在利率波动较大的环境下，企业可能会选择更多的短期融资方式，以降低长期融资的成本。再如，当企业面临重大投资机会时，可能会适当突破期限匹配原则，通过短期融资来把握投资时机。但无论如何，期限匹配都应该是企业融资决策的基本出发点，任何突破都需要审慎的成本收益分析作为支撑。

期限匹配原则的应用，还需要企业具备完善的财务管理能力。企业需要准确预测未来现金流，合理规划资产负债结构，动态监控资金缺口，及时调整融资策略。这就要求企业建立起科学的财务管理制度，配备专业的财务管理人才，并积极运用先进的管理工具和技术。只有这样，才能真正做到资产负债的有效匹配，实现企业财务的可持续发展。

（二）流动性风险管理

企业融资过程中，流动性风险管理直接影响着企业的财务稳健性和可持续发展能力。短期融资和长期融资作为企业外源性资金的两大主要来源，在满足企业资金需求的同时，也为企业带来了不同的流动性风险。因此，企业需要在短期融资和长期融资之间进行权衡，构建合理的融资期限结构，有效地管控流动性风险。

从短期融资的角度来看，它具有融资速度快、手续简便等优势，能够帮助企业快速补充营运资金缺口，维持日常经营活动。但同时，短期融资也存在期限较短、需频繁展期或偿还的问题，这对企业的现金流管理提出了较高要求。

如果企业过度依赖短期融资，一旦外部融资环境恶化或自身经营出现波动，就可能面临融资困难、债务违约等流动性风险。

长期融资虽然融资过程相对复杂、审批时间较长，但其期限较长、到期压力小，能够为企业提供稳定的资金保障。通过发行长期债券、引入战略投资者等方式，企业可以获得长期限、成本相对较低的资金，这有利于企业进行长期资本投入，推动战略目标的实现。但需要注意的是，长期融资通常对企业的信用资质、未来发展前景等提出了更高要求，并非所有企业都能轻易获得。

企业在制定融资决策时，需要综合考虑自身的行业特点、发展阶段、信用状况等因素，在短期融资和长期融资之间找到平衡点。一般来说，处于成长期、资金需求量大的企业，可以适当提高长期融资比例，锁定低成本资金；而那些经营较为稳定、现金流情况良好的企业，则可以适度增加短期融资比例，提高资金使用效率。无论采取何种融资策略，企业都需要动态监测自身的现金流状况，评估融资结构的合理性，及时调整融资策略。

为了有效地控制流动性风险，企业还需要建立完善的风险管理体系。一方面，要加强对宏观经济环境、行业发展趋势、资本市场走势等外部因素的分析，提高风险识别和预警能力；另一方面，要完善内部控制制度，加强资金计划管理，提高资金使用效率，确保现金流的充足和稳定。企业还可以通过建立与银行、投资机构的长期合作关系，拓宽融资渠道，提升抗风险能力。

（三）成本—效益分析

在企业融资决策过程中，融资期限与成本效益的平衡点是一个重要而复杂的问题。企业需要综合考虑资金需求、融资成本、风险承受能力等因素，权衡长期融资和短期融资的利弊，以实现财务管理目标。从成本角度看，长期融资通常能够锁定相对稳定的资金成本，规避利率波动风险，但前期的融资费用较高。短期融资虽然灵活性强，但面临频繁展期的高额费用支出和利率上升的不确定性。因此，企业需要通过量化分析，评估不同融资期限组合下的综合资金成本，找到最优平衡点。

企业还应将融资期限与自身发展战略相匹配。对于处于快速成长期、有大规模资本支出计划的企业，长期融资有助于保障项目实施，分摊投资压力。而对于成熟期企业，强劲而稳定的现金流可以支撑其较多地使用短期融资，提高资金使用效率。宏观经济环境也会影响企业的融资决策。在经济衰退期，银行收紧信贷，资金供给趋紧，企业倾向于通过长期融资提前锁定资金；在经济复苏期，货币政策宽松，短期资金较为充裕，企业则更多选择灵活的短期融资方式。

在实务中，CFO 需要运用专业判断和敏锐洞察，动态平衡融资的期限结构。一方面要紧盯资本市场动向，把握有利时机，适时调整融资策略；另一方面要强化财务风险管理，做好资金缺口压力测试，提高财务灵活性和抗风险能力。CFO 还应加强与金融机构的战略合作，拓宽融资渠道，争取更优惠的融资条件。同时，CFO 要着眼企业的可持续发展，平衡好资金需求与财务稳健的关系，避免过度融资导致财务风险上升。

四、融资期限结构对企业现金流影响

（一）现金流量波动性

融资期限结构对企业现金流的稳定性具有深远影响。企业在制定融资决策时，需要充分考虑不同期限融资方式对现金流量波动性的作用机制。短期融资虽然灵活便捷，但往往面临着较高的利率和频繁的偿还压力，容易导致现金流量的大幅波动。相比之下，长期融资虽然前期成本较高，但能够为企业提供稳定的资金来源，有效平滑的现金流量曲线。

具体而言，短期融资如商业信用、银行贷款等，往往具有期限短、利率高、偿还频繁等特点。这意味着企业需要在短时间内筹集大量资金用于偿还到期债务，可能会造成阶段性的资金紧张，引发现金流量的剧烈波动。同时，频繁的融资和偿还行为也会增加企业的财务风险和交易成本。一旦外部融资环境恶化或自身经营出现问题，企业可能面临流动性危机乃至破产的风险。

相对而言，长期融资如股权融资、债券发行等，虽然前期的融资成本较高，但能够为企业提供长期稳定的资金支持。这有助于企业合理规划资金使用，减少短期偿债压力，从而避免现金流量的大幅波动。尤其是股权融资，不仅无须到期偿还本金，分红压力也相对较小，这为企业现金流的稳定性提供了有力保障。长期借款虽然需要定期支付利息，但相比短期借款而言，偿还压力明显减轻。

现金流量的稳定性还取决于企业自身的经营管理能力。通过加强应收账款管理、存货管理、成本控制等措施，企业可以有效改善经营性现金流，减少对外部融资的依赖，从而从根本上提升现金流的稳定性。同时，良好的信用记录和融资能力也有助于企业在融资市场上获得优惠条件，降低融资成本和财务风险。

（二）资金周转效率

合理的融资期限安排能够提高资金的使用效率，降低企业的财务风险。短期融资通常用于满足企业日常运营的资金需求，如原材料采购、员工工资发放等。这部分资金周转速度快，周转次数多，对企业的资金效率提高作用明显。但过度依赖短期融资，会导致企业面临较大的流动性风险，一旦短期偿债压力骤增，很可能陷入财务危机。

长期融资为企业提供了稳定的中长期资金来源，有利于企业的长远发展。通过发行股票、债券等方式募集的长期资金，可以用于企业的固定资产投资、研发创新等领域。这些投资回收期较长，但对企业未来的盈利能力和核心竞争力至关重要。合理利用长期资金，有助于优化企业的资本结构，提高长期资金的使用效率。但是，长期融资的成本通常高于短期融资，对企业的财务费用构成较大压力。如果长期资金占比过高，也会影响企业资金的灵活性，降低企业应对市场变化的能力。因此，企业需要在长短期融资之间寻求平衡，综合考虑资金成本和使用效率，实现动态的融资期限匹配。

具体而言，企业应根据自身的行业特点、发展阶段和财务状况，合理确定长短期融资的比例。对于处于成长期的企业，可以适当提高长期融资比例，为业务扩张提供资金支持；而对于成熟期企业，则可以通过增加短期融资比例，提高资金周转效率。同时，企业还应建立完善的资金预算管理制度，加强对资金使用的监督和考核，提高资金的使用效率。

企业还可以通过供应链金融、票据贴现等方式，盘活存量资产，加速资金周转。这些创新的融资方式，能够有效缓解企业的资金压力，提高资金使用效率。

（三）财务灵活性分析

融资期限结构对企业融资灵活性具有重要影响。企业在制定融资决策时，需要综合考虑资金需求、资本成本、偿债能力等因素，合理确定短期融资与长期融资的比例。过度依赖短期融资虽然可以降低融资成本，但面临着较大的流动性风险和再融资风险。当企业经营环境发生变化、资金周转出现困难时，短期债务的集中到期会给企业带来巨大的偿债压力，甚至引发财务危机。相比之下，长期融资虽然成本较高，但能够为企业提供稳定的资金来源，减轻短期偿债压力，提高企业的财务灵活性。

然而，过度使用长期融资也存在一定风险。长期债务的固定利息支出会增加企业的财务杠杆，提高财务风险。同时，大量长期资金的闲置也会影响资金使用效率，降低企业的盈利能力。因此，企业需要在长短期融资之间寻求平衡，既要保证足够的流动性，又要控制财务风险，实现融资期限结构的优化。

财务灵活性是企业应对不确定性、把握投资机会的关键。良好的财务灵活性意味着企业能够根据经营环境的变化及时调整融资策略，在必要时快速获得所需资金，抓住市场机遇。相反，财务灵活性不足则会限制企业的战略决策，错失潜在的发展机会。因此，在融资决策中，企业需要重点关注融资期限结构对财务灵活性的影响，通过合理的期限搭配来提升财务弹性。

具体而言，企业可以根据自身的行业特点、发展阶段和风险偏好，动态调整短期融资与长期融资的比例。对于处于成长期、现金流较为稳定的企业，可以适当提高长期融资比例，锁定资金成本，支持长期发展。而对于周期性较强、现金流波动较大的企业，则需要保持较高的短期融资比例，以应对经营环境的不确定性变化。同时，企业还可以通过与银行等金融机构建立良好的合作关系，约定备用信贷额度，提高融资的便利性和灵活性。

第三节　债权融资与股权融资的比较

一、债权融资的特点

（一）债务偿还优先权

债权融资中的优先偿还权源自债权人和企业之间的契约关系。债权人通过向企业提供资金或其他形式的信用支持，获得了对企业未来现金流的要求权。这种要求权体现为一种优先权，即在企业无力偿还全部债务时，债权人有权优先于其他利益相关者获得偿付。正是基于这种制度安排，债权融资为企业筹集资金提供了重要渠道。

从企业财务风险管理的角度看，债务偿还的优先权具有重要意义。一方面，它有助于降低债务融资的成本。由于优先偿还权的存在，债权人的利益得到了更充分的保障，因此其承担的风险相对较低，所要求的风险溢价也相应减少。这直接体现为企业债务融资成本的降低。另一方面，债务偿还优先权也在一定程度上约束了企业经营者的机会主义行为。面对优先偿还的压力，经营者倾向于采取审慎的财务决策，避免过度冒险，从而降低了代理成本，保障了企业价值。

债务偿还的优先权也可能引发一些负面效应。首先，过度依赖优先偿还权可能导致企业债务结构失衡。为了获得更多低成本融资，企业可能大量发行高优先级债务，导致资本结构中债务比例过高，财务风险上升。其次，优先偿还权可能加剧不同利益相关者之间的冲突。在企业财务状况恶化时，优先债权人倾向于快速回收资金，而其他利益相关者则希望企业继续经营，双方目标的背离可能引发争议和冲突，不利于企业的稳定发展。

鉴于债务偿还优先权的双刃剑效应，企业在债权融资决策中需要审慎平衡。一方面，要合理利用优先偿还权降低融资成本，优化资本结构；另一方面，也要警惕过度依赖优先债权引发的负面效应，通过科学的债务管理和利益协调机制化解潜在风险。只有在动态平衡中找到恰当的均衡点，才能真正发挥债务偿还优先权的积极作用，为企业的可持续发展保驾护航。

（二）利息费用的税盾效应

利息费用的税盾效应是指企业通过债务融资支付利息，在计算应纳税所得额时可以将利息费用从收入中扣除，从而减少企业的税收负担。这一效应源于各国普遍实行的税收优惠政策，即允许企业在计算应纳税所得额时扣除合理的利息支出。税盾效应的存在，为企业债务融资提供了一定的税收激励。

从财务管理的角度来看，利息费用的税盾效应可以降低企业的实际融资成本。企业在进行债务融资决策时，除了要考虑名义利率之外，还需要纳入税盾效应的影响。由于利息支出可以在税前扣除，企业实际承担的利息成本要低于名义利率水平。举例来说，如果企业债务的名义年利率为8%，所得税税率为25%，考虑税盾效应后的实际利率仅为6%。这意味着，税盾效应使得企业每100元债务的实际年利息成本降低了2元，在一定程度上降低了企业的财务风险和融资压力。

利息费用的税盾效应并非对所有企业都同等有利。由于税盾效应的发挥以企业具有足够的应纳税所得额为前提，因此盈利状况良好、具有稳定现金流的企业更容易从中受益。相比之下，亏损企业或税收优惠力度较大的企业，其税盾效应则相对有限。过度依赖债务融资、财务杠杆率过高也可能带来财务风险，损害企业的偿债能力和可持续发展。因此，企业在制定融资决策时，需要综合权衡债务的税盾效应和潜在风险，选择与自身经营状况和发展阶段相匹配的资本结构。

深入分析利息费用的税盾效应，对于优化企业的融资决策和财务管理具有重要意义。一方面，合理利用税盾效应，可以在一定程度上降低企业的资金成本，为企业创造更多的价值。通过债务融资节税，企业可以将节约的税款用于扩大再生产、加大研发投入或改善员工福利，从而增强企业的竞争力和可持续发展能力。另一方面，税盾效应为企业的资本结构优化提供了新的思路。在考虑股权融资和债权融资的比例时，企业可以根据自身的盈利能力、现金流稳定性以及所处的行业特点，适当提高债务比例，以充分发挥税盾效应的积极作用。

在实际运用中，企业还需要关注利息费用税前扣除的合规性问题。税法通常对债务利息扣除有一定的限制性规定，例如资本弱化、非公允交易产生的利息支出不得税前扣除等。因此，企业在享受税盾效应的同时，也要严格遵循税收政策的相关规定，避免因违规扣除利息而引发税务风险。与此同时，企业还应当密切关注税收政策的动向，及时调整自身的融资策略，以适应税收环境的变化。

二、股权融资的特点

(一) 永久性资本

股权融资作为企业所有权资本，其永久性特征为企业发展提供了稳定且持续的资金保障。与债权融资不同，股权融资所筹集的资金无须偿还，企业可以长期使用，无须承担还本付息的压力。这种资金的长期性和稳定性，为企业的可持续发展奠定了坚实的资本基础。

从融资结构的角度来看，股权融资能够优化企业的资本结构，提升企业的抗风险能力。通过发行股票募集资金，企业可以降低资产负债率，减少对债权融资的依赖，从而降低财务杠杆风险。一个资本结构合理、股权比例较高的企业，其财务状况更加稳健，能够更好地应对市场变化和经济周期波动带来的冲击。

股权融资还能够增强企业的信用和市场形象。一方面，成功进行股权融资的企业往往能够获得资本市场的认可，提升企业在行业内的地位和影响力。另一方面，股权融资也向外界传递了企业发展前景良好、治理规范的积极信号，有助于企业吸引更多的合作伙伴和客户资源，为业务拓展创造有利条件。

（二）股利支付灵活性

股权融资作为企业重要的融资方式之一，给予了企业更大的财务灵活性和战略空间。与债权融资相比，股权融资在股利支付上具有显著的灵活性优势。股利作为股东投资回报的重要形式，其支付与否、支付多少在很大程度上取决于企业的盈利状况和未来发展需求。

当企业经营状况良好、现金流充裕时，董事会可以决定向股东分配丰厚的股利，回馈股东的支持和信任。通过稳定、持续的股利支付，企业能够树立良好的资本市场形象，吸引更多投资者的关注和青睐。而当企业面临重大投资机会或经营环境恶化时，董事会则可以选择减少甚至停止分配股利，将有限的资金优先用于支持企业的可持续发展。这种灵活的股利政策有助于企业根据自身情况合理配置资源，平衡短期回报和长期价值创造。

债权融资要求企业按期支付固定的利息，无论企业盈利与否。这种刚性的偿债压力可能挤占企业的投资预算，限制其对市场机遇的把握能力。尤其在经济衰退期，销售下滑、利润下降时，沉重的债务负担可能进一步恶化企业的财务状况，甚至引发债务违约和破产清算的风险。相较而言，股权融资的股利支付灵活性在逆境中凸显优势，给予企业更多的经营自主权和战略回旋空间。

灵活的股利政策还有利于企业实施长期激励，调动管理层和员工的积极性。通过将股利与企业绩效、个人贡献相挂钩，企业可以设计出富有竞争力的薪酬方案，将股东、管理层和员工的利益有机结合起来。当企业业绩优异时，管理层和员工可以分享增长的果实；而当企业陷入困境时，他们也将与股东共担风险、同舟共济。这种利益捆绑机制有助于形成良性的公司治理生态，推动企业的长足发展。

股利支付的灵活性也并非毫无约束。为了维护股东利益，监管机构和证券交易所通常对上市公司的股利分配提出了明确要求，如最低分红比例、股利支付时间等。这在一定程度上限制了企业对股利政策的自由裁量权。同时，频繁变更股利政策也可能引发资本市场的质疑，损害企业在投资者中的信誉和形象。因此，企业在制定和执行股利政策时，需要综合权衡财务状况、发展阶段、行业特点、资本市场预期等多重因素，审慎决策，确保股利支付的灵活性与稳定性、透明性相得益彰。

（三）对企业控制权的稀释

股权融资作为企业筹集长期资金的重要方式，其最显著的特点就是对企业控制权的稀释。当企业通过发行新股获取资金时，新股东的加入必然会导致原有股东持股比例的下降，从而削弱了他们对企业的控制力。这种控制权的变化对企业治理结构和决策机制都会产生深远影响。

从股权结构的角度来看，新股东的引入使得企业所有权出现分散化趋势。原有股东尤其是控股股东的话语权有所下降，而新进股东的意见和诉求则需要得到更多关注。这就要求企业建立更加规范、民主的决策机制，平衡不同股东之间的利益，避免出现“内部人控制”问题。同时，股权结构的变化也可能影响到企业的发展战略和经营方针。新股东的加入为企业带来了不同的理念和视角，可能推动企业进行战略调整，开拓新的业务领域。

从公司治理的角度来看，股权融资对企业的治理机制提出了更高要求。随着股权的进一步分散，企业需要完善以股东大会、董事会、监事会为核心的治理结构，建立起权责明确、制衡有效的决策和监督机制。这不仅有利于保护中小股东的权益，也能够促进企业管理的规范化和科学化。与此同时，股权融资还能够引入外部投资者的监督，借助他们在管理、技术等方面的专业优势，帮助企业提高经营管理水平。

股权融资对控制权的稀释效应因企业和行业的不同而有所差异。对于那些创始人控股比例较高、家族色彩浓厚的企业而言，引入新股东可能面临更大的控制权挑战。而对于国有企业、上市公司等股权结构相对分散的企业来说，单次股权融资对控制权的影响则可能较为有限。无论如何，在进行股权融资决策时，企业都需要审慎权衡融资规模、发行价格、投资者背景等因素，既要满足企业发展的资金需求，又要尽可能减少对控制权的负面影响。

三、融资成本与回报机制差异

（一）债权融资成本的固定性

在债权融资的过程中，企业需要按照事先约定的利率和期限，定期向债权人支付固定的利息，直至债务到期归还本金。这种固定的资金成本存在于债权融资的整个生命周期，无论企业的经营状况如何变化，都必须按时足额支付利息，否则将面临违约的法律风险。

从企业的角度看，债权融资成本的固定性意味着一种确定性的财务负担。一方面，这种确定性有助于企业合理规划现金流，提高资金使用效率。企业可以根据自身的盈利能力和现金流状况，科学地安排债务规模和期限结构，以保证在债务存续期内有足够的现金流来源来偿付利息和本金。另一方面，固定的债务成本也对企业的财务弹性和抗风险能力提出了更高要求。一旦企业经营出现波动，现金流紧张，固定的利息支出就可能成为沉重的负担，侵蚀企业的利润空间，甚至引发财务危机。

从债权人的角度看，债权融资成本的固定性是其获取稳定投资收益的重要保障。债权人将资金借给企业，其目的是获得固定的利息收入，而不是承担企业经营的风险。固定利率和还款期限的设定，使得债权人能够准确预期未来的现金流入，降低投资的不确定性。同时，债权人还可以通过设置财务约束条款，如要求企业维持一定的财务指标、限制过度举债等，来进一步控制信用风险，确保本息的安全。

尽管债权融资成本具有固定性的一般特征，但在实践中仍然存在一定的灵活性。例如，浮动利率型债券的利息支付与市场利率水平挂钩，其成本会随着基准利率的变化而调整；可转换债券赋予债权人在特定条件下将债权转为股权的选择权，使得其收益具有一定的弹性空间。企业还可以通过提前偿还、债务重组等方式，在一定程度上调整债务成本，化解财务压力。

（二）股权融资成本的变动性

股权融资的成本是随企业盈利状况而变动的，与企业业绩表现密切相关。当企业盈利能力强，业绩表现突出时，投资者对企业未来发展前景看好，愿意以较高的价格认购股权，企业融资成本相对较低。而当企业盈利不佳，业绩下滑时，投资者对企业失去信心，企业融资难度加大，融资成本随之提高。这种与企业业绩表现挂钩的成本特点，是股权融资区别于债权融资固定成本的显著特征。

从企业的角度来看，盈利状况良好时，通过股权融资可以较低成本筹集资金，但同时也意味着原有股东的权益被稀释，企业控制权受到影响。相反，当企业陷入经营困境时，为了维持运转不得不接受较高成本的股权融资，控制权受到更大冲击。因此，企业在进行股权融资决策时，必须权衡融资成本与控制权的得失，并结合自身发展阶段和资金需求，审慎选择融资时机。

从投资者的角度来看，企业盈利能力是其投资决策的重要依据。盈利稳定、业绩优良的企业，其股权价值被市场高度认可，投资者愿意支付溢价，融资成本相对较低。而对于经营业绩不佳的企业，投资者往往要求更高的风险补偿，导致企业融资成本居高不下。因此，企业的盈利能力直接影响其股权融资成本，进而影响企业的资本结构和长期发展。

股权融资成本的变动性还体现在宏观经济环境和行业发展周期的影响上。在经济繁荣期，市场资金充裕，企业盈利普遍向好，投资者风险偏好提高，股权融资成本相对较低。而在经济衰退期，市场信心不足，企业盈利承压，投资者风险规避，股权融资成本普遍较高。不同行业的发展周期也会影响企业的盈利能力和融资成本。处于成长期的行业，企业盈利增长潜力大，投资者青睐，融资成本相对较低。而处于衰退期的行业，企业盈利下滑，投资者避之不及，融资成本居高不下。

（三）回报机制影响企业融资决策

债权融资和股权融资的不同融资成本和回报机制深刻影响着企业的融资决策。债权融资要求企业定期支付固定利息，而股权融资的回报则与企业业绩直接挂钩。当企业盈利状况良好时，股权融资的隐性成本相对较低，但在盈利下滑时，股利支付压力也会相应增大。相比之下，债权融资的显性成本更加稳定，但过高的财务杠杆也可能加剧企业的财务风险。

企业在权衡债权融资和股权融资时，需要综合考虑自身的盈利能力、现金流状况、资本结构等因素。对于利润稳定、现金流充裕的成熟企业而言，适度的债权融资能够发挥税盾效应，降低综合融资成本。而对于高成长性的创业企业，股权融资则能够为其快速发展提供长期资本支持，分散经营风险。同时，企业也要关注宏观经济环境和行业发展趋势，在经济低迷期，过度依赖债权融资可能加剧财务困境，而在行业蓬勃发展时，股权融资的高回报率往往更具吸引力。

融资成本和回报机制还影响企业的财务决策行为。债权融资下，企业往往倾向于选择风险相对较小的投资项目，以确保稳定的现金流来偿还本息。而在股权融资的情况下，管理层可能更加偏好高风险、高回报的投资决策，以实现股东利益最大化。不同的融资方式下，企业的投融资决策、利润分配政策都会发生显著变化。

四、财务风险承担能力对比

（一）债权融资带来的财务杠杆效应

债权融资利用财务杠杆效应可以为企业带来收益的放大，但同时也伴随着较高的风险。财务杠杆是指企业利用债务融资来提高股本回报率的做法。当企业的经营状况良好，营业收入足以支付借款利息时，财务杠杆能够起到放大净资产收益率的作用。举债经营使得企业可以利用较少的股本获取更多的资产，扩大生产经营规模，提高股东权益回报率。然而，这种正向的杠杆效应是建立在企业经营业绩稳定向好的基础之上的。

一旦企业的营业收入由于市场环境变化或自身经营不善出现下滑，债务的负面效应就会显现出来。企业需要支付的借款利息成为固定成本，收入下降导致利润空间被压缩，甚至出现亏损。由于债权人按期收取利息，企业的现金流压力加大，财务风险上升。如果企业无法及时偿还到期债务，还可能面临债权人的追索，陷入债务违约的境地，严重威胁企业的持续经营能力。

尤其是当企业举债规模过大，资产负债率过高时，很容易受到经济周期波动的冲击。一旦出现行业性衰退或系统性金融风险，高杠杆运作的企业往往首当其冲，沦为市场风险的“放大器”。例如，在2008年金融危机期间，许多高负债运营的企业就遭受了沉重打击，财务状况恶化，难以为继。相比之下，那些资本结构稳健、举债适度的企业则表现出较强的抗风险能力，化解了危机的不利影响。

运用财务杠杆进行债权融资是一把“双刃剑”，关键在于把握好“度”。企业在制定财务决策时，既要重视债务融资对企业价值的积极作用，又要充分认识和评估债务所带来的财务风险。通过对宏观经济环境、行业发展趋势、自身经营状况等因素的分析，企业可以合理确定自身的负债规模和资本结构，权衡债务杠杆效应的收益与风险，实现稳健经营和可持续发展。

（二）股权融资对企业财务风险的缓解

股权融资作为企业筹集长期资本的重要方式之一，其对企业财务风险的影响值得深入探讨。与债权融资相比，股权融资在降低企业财务风险方面具有独特优势。通过发行新股募集资金，企业可以优化资本结构，降低财务杠杆，从而有效缓解因过度举债而引发的财务风险。

股权融资能够充实企业权益资本，提高股权比例，使企业资本结构趋于合理。权益资本作为企业的永久性资金来源，无须偿还本金，也无须支付固定利息，这大大减轻了企业的财务负担。当面临经营困境或外部环境恶化时，雄厚的权益资本能够为企业提供足够的风险缓冲，帮助其渡过难关，避免陷入财务危机。相比之下，过度依赖债权融资的企业往往面临沉重的还本付息压力，一旦现金流紧张，就可能引发连锁反应，甚至导致破产清算。

股权融资有助于降低企业的财务杠杆水平，减少财务风险。财务杠杆是指企业债务与权益资本的比率，杠杆水平越高，企业承担的财务风险就越大。通过股权融资，企业可以直接增加权益资本，降低债务比例，使得财务杠杆保持在合理水平。较低的财务杠杆意味着企业拥有更大的财务安全边际，能够更好地应对市场波动和经营不确定性。相反，如果企业过度使用财务杠杆，一旦经营状况恶化，高企的债务成本很可能吞噬其经营利润，加剧财务风险。

股权融资为企业提供了灵活的资金使用空间，有利于降低财务风险。与债权融资的约定用途不同，股权融资筹集的资金可以根据企业发展需要灵活运用，无须承担过多限制。这种资金使用的灵活性使企业能够及时把握市场机遇，调整经营策略，化解潜在风险。即便面临短期经营困难，企业也无须担心因违反债务合同而遭受惩罚，从而为其提供了更大的风险承受能力。相比之下，债权融资往往对资金用途有严格规定，一旦违约，企业将面临巨大的违约成本，财务风险骤增。

股权融资还能够引入战略投资者，为企业提供增值服务，分散经营风险。通过股权融资，企业不仅可以获得所需资金，还能与战略投资者建立长期合作关系。这些战略投资者不仅能为企业带来资金，更能提供市场渠道、管理经验、技术支持等增值服务，帮助企业提升核心竞争力，分散经营风险。优质的战略投资者的加入，也会提升企业的市场形象和信用水平，间接降低其财务风险。相比之下，债权融资难以为企业带来除资金以外的战略价值，无法有效地分散风险。

（三）财务风险承担能力对企业未来发展的长远影响

财务风险承担能力在很大程度上决定了企业未来的发展前景。不同的融资方式赋予企业不同程度的财务风险，进而影响其生存与成长。债权融资通过增加财务杠杆，一方面放大了企业的盈利能力，另一方面也加剧了其财务风险。

当企业经营状况良好、现金流充裕时，适度的债务融资能够促进企业扩张，提升股东回报。然而，一旦外部经济环境恶化或内部管理不善导致盈利下滑，高杠杆带来的财务风险将迅速显现。企业不仅需要支付固定的利息费用，还可能面临债务违约、信用评级下调等严重后果，甚至危及企业的持续经营能力。

股权融资虽然稀释了原股东的控制权，但从根本上降低了企业的财务风险。通过发行新股募集资金，企业获得了无须偿还的永久性资本，极大地提升了其抗风险能力。即便遭遇暂时的经营困境，企业也无需承担固定的现金流出压力，有更多的回旋空间和时间来进行自我调整。同时，较低的财务风险也使企业在资本市场上更受青睐，为未来的再融资创造了有利条件。

财务风险承担能力还与企业的发展阶段密切相关。初创期企业往往现金流紧张，难以获得银行贷款，更依赖于股权融资来满足资金需求。而成长期企业在积累了一定的资产和盈利能力后，适度举债能够撬动更大规模的发展。成熟期企业则需要在财务杠杆和财务风险之间取得平衡，既要借助债务的税盾效应提高收益，又要防范债务危机的潜在冲击。

权衡财务风险承担能力对于企业制定融资决策至关重要。一方面，企业要客观评估自身的风险承受能力，根据行业特点、市场地位、管理水平等因素，确定合理的资本结构。另一方面，企业要动态调整融资策略，在不同发展阶段选择与其风险承担能力相匹配的融资工具。通过平衡债权融资和股权融资，优化资本结构，企业才能在稳健经营的基础上实现可持续发展。

完善的风险管理体系也是提升企业财务风险承担能力的关键。建立健全财务预警机制，定期评估财务风险水平，可以帮助企业及时发现潜在问题，采取针对性措施化解风险。加强现金流管理，提高资金使用效率，则能够从源头上降低财务风险。建立多元化的融资渠道，积极拓展银行贷款、债券发行、股权融资等方式，既能满足企业的资金需求，又能分散融资风险。

第四节 融资策略与企业价值最大化

一、融资策略制定的原则

（一）成本最小化原则

成本最小化原则是企业融资策略制定中的重要指导思想。在融资过程中，企业应该力求以最低的资金成本获取所需资金，从而有效地控制融资风险，提升企业整体价值。这一原则的实现需要企业管理者综合考虑多方面因素，审时度势，科学决策。

企业需要全面评估自身的资金需求和财务状况。这包括对未来一定时期内的资金缺口进行预测，分析现有资本结构的合理性，以及评估自身的信用等级和偿债能力。只有在掌握充分信息的基础上，企业才能有的放矢地制定融资方案，避免盲目举债导致财务风险上升。

企业应该广泛搜集各类融资渠道的信息，对比分析其成本收益特征。传统的间接融资如银行贷款，一般利率水平较为稳定，但审批流程较为烦琐，抵押担保要求也较高。而股权融资虽然前期对企业发展有较大促进作用，但也意味着企业所有权的稀释。随着金融创新的不断深入，一些新兴的融资工具如资产证券化、融资租赁等也为企业提供了更加灵活多样的选择。企业需要结合自身发展阶段和资金特点，权衡利弊，优选成本最低的融资组合。

企业还应重视融资的时机选择。信贷市场和资本市场都存在周期性波动，利率水平和融资成本也随之起伏。企业应密切关注市场动向，把握有利时机，降低融资成本。例如，在货币政策宽松、利率走低的时候增加债务融资比例；而在资本市场景气度高涨、投资者热情高涨时更多考虑股权融资。当然，出于稳健性考虑，企业也需要在融资期限搭配上把握好短期和长期的平衡，避免过度依赖短期债务而面临偿还压力和再融资风险。

企业还要注重融资的动态优化和成本控制。一方面，要建立完善的财务预警机制，密切监测资金状况和融资成本变化，及时调整融资策略。另一方面，也要通过优化资金使用效率、强化成本管理等内部挖潜措施，最大限度地降低融资规模和频率，从而控制总体融资成本。只有在事前、事中、事后都严格贯彻成本最小化原则，企业的融资活动才能真正做到有章可循、有度可依。

（二）灵活性原则

融资灵活性原则要求企业在制定融资策略时，必须充分考虑内外部环境的变化，保持融资结构的适应性和调整能力。现代企业面临的市场环境日益复杂多变，市场需求、技术创新、政策法规等因素都在不断变化，这就要求企业的融资决策能够及时响应这些变化，调整融资规模、融资方式、资本结构等，以适应新的形势。

具体来说，融资灵活性原则主要包含三个方面的内容。企业要建立多元化的融资渠道，避免过度依赖单一融资方式。在股权融资、债务融资、内源融资等多种选择中，企业应根据自身发展阶段、行业特点、市场环境等因素，合理搭配各类融资工具，形成多元互补的融资结构。这样不仅能够分散融资风险，还能在融资成本、期限、条件等方面获得更多选择空间，提高融资灵活性。

企业要重视融资的时机选择和节奏把控。在股票市场行情好、利率水平低、信贷政策宽松时，企业可适当扩大融资规模，抓住有利时机降低融资成本。而在市场低迷、金融环境趋紧时，企业则应适度收缩融资规模，控制财务风险。同时，企业还要合理把握融资节奏，避免过于频繁或者间隔过长，既要保证资金供给的连续性，又要防止资金闲置带来的浪费。

企业要注重融资方案的弹性设计。在制定融资方案时，企业应尽可能增加一些弹性条款，如提前还款条款、利率调整条款、转股条款等，给企业留出一定的操作空间。这样当外部环境或自身情况发生变化时，企业可以通过触发这些条款，及时调整融资策略，减少损失或者获得更多收益。同时，企业还应与银行、投资者等保持良好沟通，在融资协议中争取更多的自主权和灵活性，为后续融资决策的调整创造条件。

除了上述三点，融资灵活性原则的贯彻还需要企业具备相应的组织能力和人才储备。企业要建立专业高效的财务管理团队，密切关注金融市场动态和政策变化，提高融资决策的前瞻性和时效性。同时，企业高层也要提高金融专业化水平，加强与投资银行、证券机构的战略合作，拓宽企业的融资视野和渠道。只有在组织、人才、机制等方面为融资灵活性提供坚实保障，这一原则才能真正落到实处。

（三）风险平衡原则

在企业融资决策过程中，风险平衡原则发挥着至关重要的作用。这一原则要求企业在制定融资策略时，既要考虑如何最大化企业价值，又要充分评估和控制潜在的融资风险。只有在风险和收益之间达成动态平衡，才能确保企业的可持续发展。

从理论层面看，风险平衡原则的核心在于权衡资本成本和财务风险。一般而言，股权融资的资本成本高于债务融资，但债务融资会提高企业的财务杠杆，加剧其财务风险。因此，企业需要根据自身的风险承受能力和未来发展预期，合理确定股债融资比例。同时，企业还应关注债务期限结构，尽量匹配资产的期限特征，避免过度依赖短期债务而引发流动性风险。

从实践层面看，风险平衡原则对企业融资决策的指导意义主要体现在以下几个方面：

第一，企业应建立完善的风险管理体系，全面识别、评估、监测和控制各类融资风险。这需要企业管理层具备较高的风险意识和专业素养，能够运用敏感性分析、压力测试等方法，科学预判融资决策可能带来的不利影响。

第二，企业应积极拓宽融资渠道，优化融资方式组合。过度依赖单一融资方式容易导致风险集中。因此，企业应根据市场环境变化和自身发展需要，灵活采用银行贷款、债券发行、股权融资、项目融资等多元化的融资工具，分散融资风险。

第三，企业应加强与投资者的沟通，提高财务信息披露的透明度。良好的投资者关系管理有助于增强投资者信心，降低融资成本，从而拓宽企业的融资空间。企业应主动、及时、准确地披露财务状况、经营业绩、风险因素等重要信息，接受社会各界的监督。

二、企业价值评估方法

（一）贴现现金流量法

贴现现金流量法是企业价值评估的重要方法之一。该方法基于对企业未来现金流的预测和贴现，以评估企业当前的内在价值。其基本原理是，企业的价值取决于其未来能够为投资者带来的全部现金流入的现值。具体来说，评估人员需要预测企业未来各期的自由现金流量，并使用适当的贴现率将其折算为现值，这个贴现率通常是企业的加权平均资本成本。自由现金流量的预测需要考虑企业的收入增长、成本管理、资本支出、营运资本变动等因素，这需要评估人员对企业经营状况、行业前景有深入的了解和判断。

在应用贴现现金流量法时，选择恰当的预测期限至关重要。通常采用两阶段模型，即将预测期分为明确的预测期和永续期。在明确预测期内，根据企业的发展规划、行业趋势等对各期现金流进行详细预测；而在永续期，假设企业的现金流将以一个稳定的增长率永续增长。关键的参数还包括永续期增长率和贴现率，它们直接影响估值结果。永续期增长率应考虑行业的发展成熟度、企业的竞争地位等；而贴现率的选择需权衡企业的融资结构、资本成本等。

贴现现金流量法的优点在于，它直接关注企业价值创造的本源——现金流，而非受会计政策影响的盈利指标。通过对未来现金流的预测，该方法前瞻性地反映了企业的成长性，尤其适用于成长型企业的估值。同时，该方法需要评估人员对企业有全面深入的了解，有利于识别影响企业价值的关键驱动因素。但这一方法也存在一定局限。现金流预测往往基于主观判断，参数选择也具有一定随意性，可能导致估值结果出现较大波动。对于缺乏历史数据或处于初创阶段的企业，现金流预测的不确定性更大。

（二）相对价值评估法

相对价值评估法是企业价值评估中一种常用的方法，它通过比较被评估企业与同行业其他上市公司的价值来确定企业价值。该方法基于一个基本假设，即在同一行业内，企业面临相似的经营环境和风险，因此其价值应该具有可比性。相对价值评估通常选取行业内具有代表性的上市公司作为参照系，从盈利能力、成长性、运营效率等维度选取恰当的价值比率，如市盈率（P/E）、市净率（P/B）、企业价值倍数（EV/EBITDA）等，计算其平均值或中位数作为基准，再考虑被评估企业的具体情况进行适当调整，最终得出其价值区间。

这一方法的理论基础在于有效市场假说和估值的相对性原理。有效市场假说认为，在理性和信息充分的市场中，证券价格能够充分反映所有已知信息，因此市场价格是企业内在价值的客观反映。而估值相对性原理则指出，企业价值并非孤立存在，而应置于同类企业的估值背景下进行比较和判断。相对价值评估法正是基于这两个基本原理，借鉴市场对可比公司的估值水平，经过适当修正得出被评估企业的合理价值。

相对价值评估法具有操作简便、结果直观等优点。首先，该方法所需数据多为公开信息，如可比公司的财务报表、股价等，较易获取。其次，通过对比分析，投资者可以快速了解被评估企业的价值水平，是否被高估或低估。由于采用了市场导向的思路，评估结果更贴近市场实际情况，易于被投资者接受。但同时我们也应看到，相对价值评估法存在一定局限性。其评估质量很大程度上取决于可比公司的选取是否恰当，以及价值比率能否真实反映企业价值。若缺乏足够数量的、与被评估企业经营状况相近的可比公司，或所选价值比率失之偏颇，评估结果可能出现较大偏差。

相对价值评估虽然借鉴了市场定价，但并未考虑被评估企业自身特点，如管理层能力、核心竞争力等，而这些要素对企业长期价值有重要影响。例如，两家同行业、规模相当的公司，若其中一家拥有独特的专利技术或管理优势，其价值理应高于另一家，但单纯的相对价值比较可能无法体现这一差异。因此，评估者还需要运用其他方法作为补充，如对企业进行战略分析、尽职调查等，深入挖掘其内在价值，以免对企业价值作出片面判断。

相对价值评估在实践中通常与其他评估方法结合使用，如贴现现金流量法、实物期权法等。评估者可以分别估算几种方法得出的企业价值，并权衡其优缺点，以形成更全面、审慎的判断。例如，可以用相对估值法估算出一个初步的价值区间，再用贴现现金流量法从企业基本面出发，考虑其未来成长性，微调估值结果。而实物期权法有助于发掘企业所拥有的潜在机会和风险，修正前两种方法可能忽视的战略价值。总之，没有哪一种估值方法是完美的，关键在于评估者能否恰当选择和灵活组合各种工具，立足企业实际，全面权衡，作出专业判断。

（三）实物期权评估法

在企业价值评估的诸多方法中，实物期权评估法凭借其独特的视角和灵活的分析框架脱颖而出。该方法立足于期权定价理论，将企业视为一系列实物期权的组合，通过对这些期权的识别、定价和管理，来捕捉企业价值中的隐含机会和风险。

实物期权评估法的核心在于，它突破了传统现金流折现法的局限，认识到企业价值不仅包括现有资产和业务的价值，更蕴含着未来可能的投资机会和战略选择的价值。这些机会和选择，就如同金融期权一样，赋予了企业在不确定环境中的灵活性和适应性。例如，一家制药公司除了现有的在售药品，还拥有大量的研发管线和新药专利。这些研发项目就像一系列的看涨期权，它们虽然尚未产生现金流，但却代表着企业未来增长的潜力。通过实物期权评估法，我们可以估算出这些潜在机会的价值，从而更全面地体现企业的内在价值。

具体而言，运用实物期权评估法需要经过几个关键步骤。首先是识别企业拥有的各类实物期权，如扩张期权、等待期权、放弃期权等。这需要管理者具有敏锐的战略眼光和深刻的行业洞察。其次是选择合适的期权定价模型，如二叉树模型、Black-Scholes 模型等，并恰当地估计模型参数，如标的资产价值、执行价格、有效期等。这对企业的财务数据和市场信息提出了较高要求。再次是量化每个实物期权的价值，考虑期权之间的相互作用，得出企业整体的期权组合价值。最后是制定期权管理策略，在不同情景下动态调整期权的执行决策，以实现企业价值的最大化。

运用实物期权评估法，有助于企业管理者拓宽战略视野，树立动态灵活的经营理念。传统的企业价值评估往往聚焦于静态的、确定的因素，而忽视了企业在变化环境中的应变能力和创新潜力。而实物期权评估法则鼓励管理者主动思考各种可能的机会和选择，并为之预留足够的战略空间。这种灵活、开放的视角，正是企业在不确定时代保持竞争力的关键所在。

三、融资策略对企业价值的影响分析

(一) 资本结构决策对企业价值的影响

资本结构决策是企业财务管理中的一项重要内容，它直接关系到企业的融资成本、财务风险和市场价值。企业的资本结构是指企业长期资金来源的构成，主要包括股权资本和债务资本两部分。不同的资本结构组合会对企业价值产生不同的影响。从理论上讲，最优资本结构应该是企业价值最大化时的资本结构。然而，现实中影响企业资本结构的因素错综复杂，很难确定一个放之四海而皆准的最优资本结构。

企业在进行资本结构决策时，需要权衡债务融资的税盾效应和财务困境成本。适度的债务融资能够节税，提高股东权益收益率，但过度负债又会增加财务风险，甚至导致财务困境。根据权衡理论，企业的最优资本结构应该是税盾收益和财务困境成本的平衡点。但这一平衡点会随着宏观经济环境、行业特点、企业生命周期等因素的变化而变化。因此，企业需要根据自身的具体情况，动态调整资本结构，以适应内外部环境的变化。

除了权衡理论，优序融资理论也为企业的资本结构决策提供了新的视角。该理论认为，由于信息不对称，企业的融资顺序应该是内部融资、债务融资和权益融资。只有当内部资金不足时，企业才会考虑外部融资；而在外部融资中，由于债务融资的成本较低，企业会优先选择债务融资。这一理论在一定程度上解释了中小企业更倾向于债务融资的现象。

资本结构决策还需要考虑企业所处的行业特点。不同行业的资本密集度、竞争格局、监管环境等存在差异，这些差异会影响企业的资本结构选择。例如，资本密集型行业如房地产、重工业等，往往需要大量的长期资金投入，更倾向于股权融资；而竞争激烈、产品生命周期短的行业如互联网、电子信息等，则更倾向于债务融资，以保持财务灵活性。

企业的生命周期阶段也是影响资本结构的重要因素。处于成长期的企业，现金流较为紧张，更倾向于股权融资；而成熟期企业的现金流相对稳定，负债融资的空间更大。同时，处于衰退期的企业，由于经营风险加大，债权人的信心下降，股权融资可能成为更现实的选择。

宏观经济环境的变化也会影响企业的资本结构决策。在经济衰退期，企业的盈利能力下降，财务风险上升，债务融资的难度加大；而在经济繁荣期，企业的盈利预期向好，负债空间相对较大。因此，企业需要密切关注宏观经济形势，适时调整资本结构。

资本结构决策对企业价值的影响是多方面的。合理的资本结构能够降低企业的综合融资成本，提高企业价值；而不合理的资本结构则会加重企业的财务负担，损害企业价值。同时，资本结构的变化也会影响企业的治理结构和经营策略。引入债权人后，企业面临着债权人的监督和约束，经营决策需要兼顾债权人的利益；而股权融资则可能导致股权结构的变化，进而影响企业的控制权。

（二）融资行为对企业信誉和投资者预期的影响

企业融资行为对其信誉和投资者预期具有深远影响。企业通过合理、合法的融资活动，向市场传递了积极的信号，展现了良好的发展前景和投资价值。这有助于提升企业在资本市场的认可度，吸引更多投资者的关注和信任。投资者往往将企业的融资能力视为评判其综合实力和成长潜力的重要指标。成功的融资行为能够增强投资者对企业未来盈利能力的预期，提振市场信心。

不当的融资行为则可能损害企业的信誉，引发投资者的质疑和担忧。过度融资、高杠杆运作、频繁变更融资方案等，都会给投资者留下企业经营困难、财务状况不稳定的印象。这种负面信号不仅会影响企业的融资成本和融资渠道，更会影响投资者对企业长期投资价值的判断。一旦失去资本市场的信任，企业将面临融资难、股价波动剧烈等诸多挑战。

融资行为的信息披露质量也关系到企业信誉和投资者预期。及时、准确、完整地披露融资相关信息，有助于消除信息不对称，维护投资者的知情权。相反，选择性披露、延迟披露、虚假陈述等行为，无疑会引起投资者的反感，动摇其对企业的信任基础。这不仅影响企业的融资效率，更会伤及其在资本市场的长远形象。

第四章　企业股权结构设计原理

第一节　股权结构的基本概念与类型

一、股权结构的定义与内涵

（一）股权结构定义概述

股权结构是现代企业制度的基石，它决定了企业的所有权归属、控制权分配以及利益相关者之间的权责关系。科学合理的股权结构设计是实现公司治理有效性的关键，对于企业的运营效率、决策质量和可持续发展都具有深远影响。

股权结构直接关系到企业的所有权归属问题。通过界定股东的类型和持股比例，股权结构明确了企业最终的所有者，以及不同股东在企业中的地位和话语权。这种产权关系的确立，为理顺企业内部的委托－代理关系、控制内部人控制问题奠定了基础。同时，明晰的产权归属也有利于调动股东的积极性，促使其加强对管理层的监督，推动企业价值最大化。

股权结构还深刻影响着企业的控制权分配。控制权是指对企业重大决策和日常经营活动进行指导、监督和约束的权力。通过设计表决权结构和董事会席位分配机制，股权结构决定了股东和经营者之间控制权的配置方式。合理的控制权制衡有助于形成有效的公司治理，防范“内部人控制”和“大股东侵占”等代理问题，保护中小投资者利益。相反，失衡的控制权结构则容易导致代理成本上升、决策效率低下、侵害相关利益主体权益等问题。

股权结构还关乎利益相关者之间的权责平衡。通过设计特殊的股权安排，如员工持股、经理层持股等，可以将企业所有者、经营者、员工等利益相关者的诉求有机结合起来，在一定程度上缓解委托代理矛盾。当管理层拥有一定股权时，其自身利益与公司整体利益趋于一致，有利于抑制短期行为和道德风险。而员工持股则可提高员工的主人翁意识和组织忠诚度，激发其工作积极性和创造力。

（二）股权结构的内涵探讨

股权结构内涵的探讨必须基于对企业中权利、责任和利益分配机制的深刻理解。从本质上讲，股权结构体现的是企业所有者之间的一种契约关系，其核心在于界定各方的权利边界、责任担当和利益诉求，并在制度层面形成制衡。具体而言，股权结构涉及三个关键维度：控制权的配置、现金流权的分配和法律责任的承担。

控制权是股东对企业重大事务决策的影响力，它决定了企业的发展方向和经营策略。在股权结构设计中，控制权的配置需要平衡股东的诉求与企业的长远利益。一方面，股东希望拥有与其出资规模相匹配的控制权，以保障自身利益；另一方面，过度集中的控制权可能导致“一股独大”、内部人控制等问题，损害中小股东和企业的整体利益。因此，优化控制权结构，形成有效的监督制衡机制，是股权设计的重点。

现金流权反映股东对企业利润分配的要求权，直接关系到投资回报和风险共担。现金流权的分配应遵循“同股同权、同股同利”的基本原则，并兼顾不同类型股东的利益诉求。例如，优先股股东享有优先分红权，但无表决权；而普通股股东拥有表决权，但分红顺序靠后。股权结构设计需要在不同现金流权主体间寻求平衡，并与控制权结构相匹配，以实现激励相容。

法律责任承担是股东权利的另一面，反映出股东需为自身决策和行为负责。在股权结构中，应明晰各类股东的责任边界，建立股东责任追究机制。同时，要防范股东“搭便车”行为，即在享受权利的同时逃避责任。这就要求在股权协议和公司章程中对股东责任作出详细规定，必要时还需要引入股东责任保险等外部机制。

股权结构内涵的三个维度环环相扣，共同构成了企业治理的基石。科学的权责利配置，有利于形成科学的决策机制、有效的激励约束和规范的责任追究，从而提升企业运行效率和价值创造能力。相反，失衡的股权结构会滋生代理问题、内部人控制等弊端，侵蚀企业的长期竞争力。

（三）股权结构的核心要素

股权结构中的控制权、现金流权和法律关系是理解企业所有权配置和治理机制的关键。控制权反映了股东对公司重大决策的影响力，它决定了企业的战略方向和资源配置。现金流权则代表股东从企业获得收益的权利，它与股东承担的风险和责任密切相关。法律关系则界定了股东与公司之间的权利义务，为股权结构提供了制度保障。

控制权是股权结构的核心要素，它决定了股东在公司治理中的地位和作用。控制权的配置方式直接影响企业的决策效率和策略选择。集中的控制权有利于克服“搭便车”问题，提高决策效率，但也可能导致大股东侵占中小股东利益的“掏空”行为。而分散的控制权则有助于制衡大股东的权力，保护中小股东权益，但可能面临决策效率低下的风险。因此，如何在效率与公平之间实现平衡，是控制权配置的关键。

现金流权反映了股东享有企业收益的权利，它与股东对企业的投入和承担的风险相对应。现金流权的设计需要考虑股东的贡献和风险偏好，合理确定其收益分配比例。同时，现金流权还应与控制权相匹配，以激励股东行使有效的监督和治理。如果现金流权与控制权严重偏离，可能诱发股东“掏空”公司或进行过度投资的道德风险。

法律关系是股权结构的基石，它明确界定了股东与公司、股东与股东之间的权利义务关系。健全的法律规则能够保障股东权益，规范公司运作，为股权结构的优化提供制度支撑。相关法律应对股东的知情权、表决权、收益权等作出明确规定，并对股东滥用权力的行为予以必要的限制和惩戒。同时，完善的法律环境还能够降低股权交易的成本，促进资本市场的发展。

二、股权结构的组成要素分析

（一）股东类型与权益分类

股东类型与权益分类对于理解公司股权结构的内涵具有重要意义。不同类型的股东在公司治理中扮演着不同的角色，享有不同的权利和义务。根据股东的身份属性，可以将其划分为国家股东、法人股东和自然人股东等类型。国家股东代表国有资产出资，在国有控股企业中占据主导地位，对维护国有资产安全和保值增值负有重要责任。法人股东则包括各类企业法人和非企业法人，如公司、合伙企业、事业单位等，它们以其拥有的资产对公司出资，并依法行使股东权利。自然人股东既可以是公司创始人，也可以是通过认购、受让等方式取得股权的个人投资者，其出资额相对较小，但在中小企业和民营企业中占比较高。

除了按照身份属性进行分类，股东还可以根据其持股比例和对公司经营的影响程度划分为控股股东和非控股股东。控股股东凭借其雄厚的资本实力和较大的持股比例，对公司的经营决策具有决定性影响，在公司治理中处于支配地位。非控股股东虽然持股比例较低，难以左右公司决策，但仍享有知情权、表决权等基本权利，并有权对控股股东的决策行为进行监督和制衡。

股东权益是股东基于出资而享有的一系列权利的总称，既包括资产收益权，也包括参与公司治理的权利。资产收益权是指股东按照出资比例分享公司盈利和剩余财产的权利，是股东获取投资回报的基本保障。参与公司治理的权利则涵盖了表决权、知情权、质询权等多项具体权利，赋予股东参与公司决策、监督经营活动的机会。根据公司法的规定，股东还享有优先购买权、股权转让权等其他权利，以维护其合法利益。

（二）控制权结构

控制权结构决定了公司的经营决策权力在各股东之间的分配状况。在现代企业制度下，股东通过行使表决权来参与公司治理，影响公司的发展方向和经营策略。因此，表决权的配置方式对企业的管理决策具有重要影响。

从理论上讲，表决权应当与股东所持股份的比例相一致，即股权与控制权对等。这种安排有助于形成制衡机制，防止大股东侵害中小股东利益。然而，在实践中，由于股权结构的复杂性和多样性，表决权的分配往往呈现出一定的偏离。一些公司存在"同股不同权"的现象，部分股东通过持有少量有表决权的股份，就能够对公司实施控制。这种股权与控制权分离的状况，容易导致"内部人控制"问题，损害公司和其他股东的利益。

控制权结构对企业管理决策的影响主要体现在以下几个方面：首先，控制权的集中度直接关系到决策效率。当控制权高度集中于少数股东手中时，决策过程相对简单，有利于提高决策速度和执行力。但同时，这也可能导致决策专断，缺乏民主协商。其次，控制权的稳定性影响决策的连贯性。频繁的控制权变更会造成经营策略反复，不利于公司的长远发展。最后，控制权的行使方式决定了决策的科学性。如果控股股东凭借控制地位干预公司经营，决策就可能背离效率原则，损害公司价值。

构建合理的控制权结构，对于优化企业管理决策至关重要。这就要求在设计股权结构时，既要防止控制权过于分散导致决策低效，也要避免控制权过度集中引发“一股独大”。同时，还需建立健全的公司治理机制，通过董事会、监事会等机构的制衡，规范控制权的行使，确保决策民主、科学、高效。

（三）现金流权结构

现金流权是股权结构中至关重要的一个维度，它决定了股东获取公司利润分配的权利以及对公司未来再投资方向施加影响的能力。合理配置现金流权，对于平衡股东利益诉求、激励经营层努力、保障公司可持续发展具有重要意义。

从股东视角来看，现金流权的分配直接关系到其投资回报水平。通过合理设置不同类别股票的分红权、表决权等，公司可以在满足股东利益诉求的同时，引导其关注企业长远发展。例如，对于注重短期回报的中小股东，公司可以设置较高的固定分红比例；而对于追求长期价值增长的战略投资者，则可以赋予其更多的表决权和再投资决策权。这种差异化的现金流权安排有利于平衡不同股东的诉求，维护公司治理的稳定性。

从公司治理视角来看，科学的现金流权设计是形成有效激励约束机制的关键。通过将经营层的薪酬与公司业绩挂钩，或授予管理层一定比例的股票期权，可以充分调动其经营积极性，将个人利益与公司利益绑定在一起。但同时，现金流权的过度集中也可能诱发内部人控制问题，损害中小股东利益。因此，在设计经营层激励方案时，既要考虑其激励效果，也要防范道德风险，在二者间寻求平衡。

从公司财务视角来看，现金流权结构直接影响着公司的再投资能力和未来发展空间。公司利润在股利分配和留存收益之间的比例关系须统筹兼顾，既要保障股东的当期回报，又要为企业长远发展预留必要的资金。如果现金流权过于倾斜于股利分配，可能削弱公司的再投资能力，错失市场机遇；反之，如果利润留存比例过高，又可能挫伤股东的投资积极性，引发代理问题。因此，公司需要根据自身发展阶段、所处行业特点等，动态调整现金流权结构，在当期回报和长期增长间找到最佳平衡点。

现金流权结构还与公司的资本运作策略密切相关。通过开展再融资、并购重组等资本运作，公司可以优化现金流权配置，引入战略投资者，拓宽融资渠道。但这一过程中，如何保障原有股东利益，防范大股东滥用控制权，维持股权结构稳定，都对公司治理提出了更高要求。公司需进一步健全现金流权制衡机制，完善公司章程条款，明确重大事项决策程序，切实保护中小股东合法权益。

三、常见的股权结构类型介绍

（一）集中式股权结构

集中式股权结构是指公司股权相对集中在少数股东手中的一种所有权安排。在这种结构下，控股股东掌握着公司的控制权，对公司的经营管理和重大决策具有决定性影响。这种股权结构具有一些显著特点：首先，控股股东的持股比例较高，通常超过50%，形成绝对控股地位。其次，中小股东持股分散，难以对公司决策产生实质性影响。最后，董事会成员大多由控股股东任命，管理层也受其控制，公司治理的独立性受到削弱。

集中式股权结构的形成有其特定的市场环境和制度背景。在我国，国有企业和家族企业是典型的集中式股权公司。国有企业由于历史原因形成了国家绝对控股的格局；而在民营经济快速发展的过程中，许多家族企业为了保持对企业的控制权，也形成了家族成员高度集中持股的状况。这种结构一度推动了企业的快速成长，但随着市场环境的变化，其弊端也日益显现。

集中式股权结构的优势主要体现在三个方面：一是有利于决策效率的提高。由于控股股东对公司拥有绝对的控制权，重大决策可以快速推进，不必经过反复博弈和协商，提高了公司对市场变化的响应速度。二是有助于降低代理成本。在所有权与经营权高度分离的情况下，管理层与股东的利益可能出现偏离，产生代理问题。而集中式股权结构下，大股东对管理层有更强的监督和约束能力，能够更好地实现股东利益最大化。三是避免了委托代理风险。控股股东参与公司经营管理的动机更强，不存在“搭便车”问题，有利于克服“公地悲剧”，推动公司长期发展。

然而，集中式股权结构在为企业带来一定优势的同时，也潜藏着诸多风险：一是“一股独大”导致内部制衡机制失效。控股股东权力过于集中，监督约束不足，可能损害中小股东利益，引发“内部人控制”问题。二是过度依赖控股股东决策判断，缺乏多元化经营理念，决策失误风险加大。一旦控股股东决策出现偏差，执行力强的高度集中股权结构就会加大损失。三是可能导致家族式管理，任人唯亲，管理效率低下。四是抑制了企业的创新活力。大股东控制下的保守经营策略，不利于企业的转型升级和可持续发展。

正是基于上述风险，许多集中式股权企业开始主动寻求股权结构的优化和调整。譬如通过引入战略投资者、实施管理层和员工持股等方式，在保持股权相对集中的同时，增强公司治理的制衡机制。一些国有企业则探索混合所有制改革，在做强做优主业的基础上，逐步实现股权多元化。对于一些创新型民营企业而言，则通过 IPO 等资本运作方式，主动稀释原有股东的控制权，引入机构投资者，完善公司治理结构。

（二）分散式股权结构

分散式股权结构是指公司股权相对分散，不存在控股股东或实际控制人的所有权结构形式。在这种股权结构下，公司的决策权力分散在众多中小股东手中，没有任何一方股东能够对公司实施绝对控制。这种“多元共治”的局面，对企业的运作方式和发展机制产生了深远影响。

从公司治理的角度来看，分散式股权结构有利于形成制衡机制，防止“一股独大”现象的出现。由于股权分散，任何一方股东都难以凭借自身力量左右公司决策，必须通过相互妥协、达成共识的方式推动公司发展。这在一定程度上降低了控股股东“圈钱”、侵害中小股东利益的风险，促进了公司治理的民主化和科学化。同时，分散的股权结构也为机构投资者和独立董事发挥作用创造了条件，他们可以代表中小股东参与公司治理，维护全体股东的共同利益。

从经营管理的角度来看，分散式股权结构有利于推动企业的专业化运作。在这种结构下，企业的日常经营管理权往往掌握在专业经理人手中，而非大股东。这些职业经理人凭借其专业能力和管理经验，制定企业发展战略，优化资源配置，提高运营效率。职业经理人市场化选聘的压力，也倒逼其不断提升自身能力，以业绩说话。当然，分散的股权结构对经理人的监督问题提出了更高要求。为防止经理人滥用职权，损害公司和股东利益，必须建立起完善的约束和激励机制。

从市场竞争的角度来看，分散式股权结构有利于增强企业的市场化程度和创新活力。由于不存在控股股东，企业在进行重大决策时，往往需要获得多数股东的支持。这就倒逼企业管理层以市场为导向，关注行业发展动向，把握市场需求变化，及时调整经营策略。而分散的股权结构也使得企业更容易引入外部投资者，获得多元化的智力支持和资金保障，从而增强企业的创新能力和市场竞争力。许多依靠创新驱动发展的高科技企业，正是采用了这种分散式的股权结构。

（三）混合型股权结构

混合型股权结构是企业在股权设计中平衡控制权与风险的一种新模式。它融合了集中式和分散式股权结构的优点，通过对不同类型股东的权益进行恰当配置，在确保控制权相对集中的同时，又引入了外部股东的制衡机制，有效地分散了企业经营风险。这种股权结构模式在现代企业制度中得到越来越广泛的应用，彰显出巨大的发展潜力。

混合型股权结构的核心在于对控制权和现金流权的巧妙平衡。一方面，企业通过设置有控制权的优先股或特别表决权股，将企业控制权集中在少数核心股东手中，保证了决策效率和战略执行力。这些控股股东通常拥有丰富的行业经验和管理智慧，能够引领企业稳健发展。另一方面，企业又通过发行普通股等方式，引入机构投资者、战略投资者乃至社会公众股东，形成多元化的股权结构。这些外部股东虽然不直接参与公司经营决策，但可通过股东大会等治理机制对控股股东形成有效制衡，防止其滥用控制权损害中小股东利益。同时，外部股东的引入也为企业带来了资金、技术、市场等多方面的战略性资源，有助于增强企业的竞争力和抗风险能力。

从契约理论的角度来看，混合型股权结构实质上是一种“投资者保护与控制权配置相平衡”的制度安排。它在给予控股股东足够自主权的同时，通过对董事会席位、关联交易等事项的特殊规定，切实保障了中小投资者的知情权、参与权和收益权，有效地降低了代理成本。这种“刚性约束＋柔性激励”的治理模式，既调动了控股股东的积极性，又规避了“一股独大”的弊端，是契约制度创新的典范。

从公司金融的视角来看，混合型股权结构为企业的融资和投资带来了更大的灵活性。通过发行不同类型的股票，企业可以根据自身发展阶段和市场状况，有针对性地吸引不同偏好的投资者，优化融资结构。特别是针对成长性强但尚未盈利的创新型企业，设置差异化的股权类别有助于缓解其融资约束，提高直接融资比例。同时，机构投资者等外部股东的引入，也有利于完善企业的投资决策机制，规避盲目扩张和过度投资的风险。

第二节　股权结构设计的目标与原则

一、股权结构设计的核心目标

（一）优化决策机制

优化公司决策机制是股权结构设计的核心目标之一。科学合理的股权结构能够有效地平衡股东之间的利益关系，构建起相互制衡的公司治理架构。在这一架构中，股东大会、董事会、监事会和经理层各司其职、协调运转，形成了权责明确、运转高效的决策执行体系。一个良好的决策机制应该符合公司发展需要，能够及时、准确地对内外部环境变化做出反应。同时，它还应体现民主性和包容性，尊重不同股东的意见和诉求，避免出现“一股独大”或者内部人控制的现象。

从公司治理实践来看，股权结构的设置直接影响着决策机制的效率和公平性。例如，股权过于集中容易导致大股东操纵董事会，侵害中小股东利益；而股权过于分散则可能造成公司决策效率低下，难以形成有效的战略共识。因此，股权结构设计必须兼顾效率与公平，在分散化和集中化之间寻求平衡。一个行之有效的做法是建立多元化的股权结构，引入不同类型的投资者如战略投资者、财务投资者、员工持股等，既能优化股东结构，又能通过制衡机制规避“一股独大”的弊端。

除了股权多元化，完善公司治理制度也是保障决策机制有效运行的关键。这就要求公司在章程中明确股东大会、董事会、监事会的职责边界，规范其议事规则和表决程序。同时，还应建立科学的董事提名和选举机制，保障董事会的独立性和专业性。对于重大事项的决策，则要严格履行必要的审议和披露程序，接受社会公众的监督。良好的信息披露和沟通机制能够提高决策的透明度，有利于获得股东和市场的信任与支持。

推动决策管理和决策执行相分离也是优化公司决策机制的重要路径。通过建立职业经理人制度，把经营管理权授予专业的管理团队，董事会专注于重大决策和风险防控，有利于提升决策的科学性。同时，还应加强对经理层的监督和绩效评价，将其薪酬与公司长期业绩挂钩，激发其经营积极性。这种决策与执行相分离的模式已在众多优秀企业得到验证，对于完善公司治理、提高经营效率具有积极意义。

（二）增强市场竞争力

良好的股权结构设计对于增强企业的市场竞争力、提升长期竞争优势和巩固市场地位至关重要。一个科学合理的股权结构能够优化企业的治理机制，提高决策效率，激发各方主体的积极性，从而为企业的可持续发展提供强大动力。相反，如果股权结构设计不当，就可能导致决策失误、内部冲突加剧、经营效率低下等问题，严重制约企业的市场竞争力。

股权结构设计要立足于企业发展战略和市场竞争环境，根据不同发展阶段和竞争态势，动态调整股权比例和分布。在企业初创期，创始人往往掌握较大比例的股权，以确保决策的一致性和执行力。但随着企业的成长，引入外部投资者、管理层持股等，可以丰富股权结构，引入先进理念和技术，增强企业的创新动力。同时，通过股权激励等方式，将管理层和员工的利益与企业长远发展紧密结合，提高其主动性和忠诚度，为企业注入持续发展的内生动力。

科学的股权结构设计还应充分考虑不同利益相关方的诉求，在控制权、收益权、知情权等方面达成动态平衡。控股股东虽然掌握企业的实际控制权，但也要适度让渡，引入外部监督机制，接受市场和社会的检验。同时要保障中小股东的合法权益，完善信息披露和沟通机制，增强其对企业发展的信心和支持。员工作为企业价值创造的主体，通过持股计划等方式，让其分享企业成长的收益，调动其工作积极性。供应商、客户等利益相关方，可以通过战略合作、股权投资等多种方式参与企业治理，实现风险共担、利益共享。

科创型企业的股权设计还应充分体现创新驱动、人才为本的特点。通过对核心技术人员实施股权激励，打造创新友好型股权结构，既保障创始团队的控制权，又不断吸引和凝聚优秀人才，为企业持续创新提供原动力。例如，华为公司实行员工持股计划，90%以上员工为公司股东，极大地激发了员工创新热情和奋斗精神。同时灵活采用技术入股、股权期权等方式，围绕创新链布局产业链，加速科技成果转化，不断增强技术领先优势和市场竞争力。

（三）保障股东利益

在现代企业制度下，股东作为出资人和所有者，其合法权益理应得到切实维护。然而，由于股东群体的多样性和利益诉求的差异性，如何在股权结构设计中平衡不同股东之间的利益，进而增强企业对股东的吸引力，已经成为一个亟待解决的现实问题。

从理论上讲，股权结构设计应当遵循公平合理的原则，确保不同类型股东的权益都能得到充分保障。这就要求在股权安排上做到利益均衡，避免任何一方股东利用其控制权侵害其他股东的合法权益。具体而言，可以通过设置一股一票的表决权、建立独立董事制度、完善信息披露机制等措施，来保护中小股东的知情权、参与权和收益权。同时，对于大股东而言，也要防止其滥用控制权，损害公司和其他股东的利益。这就需要在股权结构设计中引入制衡机制，如采用累计投票制选举董事、规范关联交易行为等，以约束大股东的决策行为。

从实践来看，平衡股东利益还需要充分考虑企业的发展阶段和战略需求。在企业初创期，创始人股东往往占据绝对控股地位，这有利于企业快速做出决策，提高经营效率。但随着企业的不断成长，股权就需要适当分散，引入外部投资者，以满足企业对资金、技术、管理等资源的需求。在这个过程中，创始人股东需要适度让渡控制权，但同时也要保留一定的话语权和影响力，以维护自身利益。这就需要在股权结构设计中做好利益平衡，既要为新进股东提供足够的激励，又要保护创始人股东的合法权益。

平衡股东利益还要立足企业的长远发展，着眼于提升其对各类股东的吸引力。一个公平合理、动态优化的股权结构，能够增强股东对企业发展前景的信心，调动其参与企业治理的积极性。反之，如果股权结构设计存在失衡，损害了部分股东的利益，就可能引发股东间的利益冲突，影响企业经营的稳定性。因此，在股权结构设计中平衡股东利益，不仅关乎当下，更关系到企业未来的可持续发展。只有不断地优化股权安排，完善公司治理，才能真正成为资本市场的优质标的，吸引更多元化的股东投资。

二、股权结构设计的原则与要求

（一）公正性原则

公正性原则是股权结构设计的基石，其核心在于确保股东权益得到公平对待，股权安排透明合理。在现代企业制度下，股权结构往往涉及多元利益主体，如创始人、管理层、员工、机构投资者等，不同群体在股权比例、表决权、收益权等方面存在显著差异。如何在尊重各方合法权益的基础上，实现股权设置的公平公正，是企业面临的重大课题。

公正性原则要求股权结构设计必须以法律和公司章程为依归，明确界定各类股东的权利义务，杜绝权力滥用和利益输送。同时，股权分配应与股东对企业的贡献度相匹配，切实体现按劳分配、按资分配等基本原则。对于创业型企业而言，应充分考虑创始团队在前期投入的资金、技术和管理等要素，在股权比例上给予合理倾斜。而对于成熟期企业，则需要更多地兼顾资本、人才等生产要素，适度提高机构投资者和核心员工的持股比例，形成制衡有序的股权格局。

公正性原则的落实还须建立在信息对称和流程规范的基础之上。一方面，企业应主动公开股权结构、股东大会决议等关键信息，接受社会各界的监督。特别是上市公司，更应严格遵循信息披露规则，确保投资者能够及时、准确、完整地了解公司股权状况。另一方面，股权变动须严格履行必要的决策程序，如董事会、股东大会等，防止少数人操纵和内幕交易。同时，在股权激励、员工持股等事项上，也应制定统一、透明的实施细则，避免暗箱操作和权力寻租。

公正性原则不仅事关企业内部治理，更关乎资本市场的健康发展。唯有坚持公平、公正、公开的股权文化，才能营造规范有序的市场生态，提振各方参与的信心。反之，如果任由股权归属失衡、“一股独大”等问题蔓延，则不仅会损害中小股东利益，引发公司内斗，还将扭曲资源配置，阻碍经济转型。因此，树立公正性原则已然成为各界共识，全社会都应形成合力，推动相关法律制度的完善，为优化股权结构创造良好环境。

（二）动态适应原则

股权结构的动态适应是企业健康发展的关键。随着市场环境的不断变化和企业自身的成长演进，企业的股权结构也需要与时俱进，以适应新的发展阶段和战略需求。一成不变的股权安排往往难以为企业的可持续发展提供长期动力，甚至可能阻碍企业前进的步伐。因此，在股权结构设计中贯彻动态适应原则，对于保障企业的活力和竞争力具有重要意义。

从宏观层面看，企业所处的市场环境瞬息万变，经济周期更迭，行业格局动荡，技术革命蓬勃兴起，这些外部因素无时无刻不在考验着企业的应变能力。股权结构作为企业治理的基石，必须具备足够的灵活性和适应性，以应对外部环境带来的机遇和挑战。当市场需求发生变化，企业需要开拓新的业务领域时，股权结构应当适时调整，引入具备相关行业经验和资源的投资者，为企业的战略转型提供支持。当所处行业竞争加剧，企业面临激烈的市场竞争时，股权结构的优化可以为企业引入急需的资金、技术和人才，增强其抗风险能力和市场竞争力。

从微观层面看，企业在不同的发展阶段会呈现出不同的特点和需求。初创期的企业往往规模较小，资源有限，股权相对集中于创始团队手中。这种“重内功”的股权安排有利于企业在起步阶段快速作出决策，集中资源突破关键瓶颈。然而，随着企业的不断成长，特别是进入快速扩张期后，单一化的股权结构可能难以满足企业多元化发展的需求。这时，适度引入外部投资者，优化股权结构就显得尤为重要。通过增加机构投资者和战略投资者的持股比例，企业可以获得更为丰富的资源支持，提高公司治理水平，为下一轮发展积蓄力量。即便是成熟期的企业，股权结构的动态调整也不应停滞。面对日益复杂的市场形势和激烈的行业竞争，成熟企业更需要通过股权结构的再平衡，激发组织的创新活力，探索新的增长点。

股权结构的动态适应绝非朝令夕改，而应当遵循企业发展的内在逻辑，审时度势，因势利导。盲目频繁地调整股权结构不仅无助于企业的长远发展，反而可能带来不稳定因素，损害公司治理效率。股权结构调整的时机和力度需要企业管理层基于战略规划、市场形势、自身需求等因素审慎决策。只有平衡好股权结构的稳定性与灵活性，才能为企业的可持续发展提供制度保障。

（三）透明性原则

股权结构设计中的透明性原则要求企业确保股权安排的公开透明，以减少潜在的利益冲突。在现代企业制度下，股权结构涉及多方利益相关者，如控股股东、中小股东、管理层等。如果股权安排不透明，很可能导致一些群体的利益受损，引发内部矛盾和外部质疑，进而影响公司治理和经营绩效。

股权结构设计的透明性首先体现在信息披露的充分性和准确性。上市公司需要定期公开股权结构、股东持股比例、股东关联关系等重要信息，使投资者能够及时、准确地了解公司的所有权状况。这不仅有助于保护中小投资者的知情权，也能提高资本市场对企业的信任度和认可度。即使是非上市公司，也应主动向利益相关方披露股权结构信息，接受社会监督。

透明的股权安排还要求股东权益的边界清晰明确。控股股东不得滥用控制权侵占中小股东利益，中小股东也要尊重控股股东的决策权。股东大会、董事会、监事会等治理机构的职责和权限需要明确划分，形成有效的制衡机制。这样不仅能规范股东行为，也有利于均衡不同群体的利益诉求，营造和谐的股权关系。

股权结构的调整也要遵循透明原则。在企业的分立、合并、收购等重大股权变动中，必须充分披露相关信息，给予利益相关方必要的知情权和参与权。股权变动不能成为某些群体谋取私利的工具，而应服务于企业的长远发展和全体股东的共同利益。唯有如此，才能确保股权结构优化的公平性和有效性。

透明的股权结构设计还能营造良好的公司治理环境。股东之间的信息对称有助于加强沟通协调，形成统一的利益共同体。管理层在制定和执行决策时，也会更加审慎和负责，减少机会主义行为。而监管部门和社会公众对企业的监督也会更加有力，从而提高公司治理水平。

三、股东权益保护与利益平衡

（一）股东权益保护机制

在现代企业制度中，股东权益保护机制的构建对于实现公司治理的有效性和可持续发展具有重要意义。股东作为企业的所有者和剩余索取者，其合法权益能否得到切实保障，直接关系到企业的生存发展和市场竞争力。因此，在股权结构设计过程中，必须着眼于建立健全的股东权益保护机制，维护股东尤其是中小股东的正当权益。

股东权益保护机制的核心在于确保股东的知情权、参与权和收益权。其中，知情权是股东行使其他权利的基础。上市公司应当按照信息披露的要求，及时、准确、完整地披露公司的经营状况、财务状况、重大事项等信息，保障股东对公司重大决策和经营管理活动的知情权。同时，要完善股东大会、董事会、监事会等治理结构，畅通股东参与公司治理的渠道。股东有权出席股东大会，并在会议上发表意见、提出质询，对公司的经营决策施加影响。

在股东收益权的保护方面，公司应当制定合理的利润分配政策，明确利润分配的形式、比例、条件等，并严格按照章程规定和股东大会决议实施利润分配。要防止大股东和管理层侵占中小股东利益的行为，如关联交易、资金占用等，切实维护中小股东的资产收益权。还要为股东提供多元化的投资回报渠道，如回购、增持等，提高股东的投资回报率。

完善的股东权益保护机制还应包括相应的救济措施和责任追究制度。当股东权益受到侵害时，要为其提供便捷、有效的救济渠道，如股东代表诉讼、集体诉讼等。同时，要加大对违法违规行为的惩治力度，提高违法成本，强化相关主体的责任追究，切实保护股东合法权益。

股东权益保护机制的有效运行，离不开外部法律制度环境的支持。《中华人民共和国公司法》《中华人民共和国证券法》等法律法规对上市公司股东权益保护作出了原则性规定，但仍需要出台更加细化、可操作的配套制度，加大监管部门的执法力度，营造良好的投资者保护氛围。同时，还要发挥市场机制的作用，引导机构投资者等各方力量积极参与公司治理，推动上市公司提高股东权益保护水平。

（二）利益均衡策略

在设计股权结构时，如何在不同股东群体之间实现利益均衡是一个关键问题。股权结构的合理性直接影响到公司治理的有效性和企业的可持续发展。从保障股东权益的角度来看，股权结构设计需要充分考虑不同股东的诉求和利益诉求，建立起科学、公正的利益协调机制。这不仅有利于维护股东的合法权益，更能够增强企业的凝聚力和向心力，为企业的长远发展奠定坚实基础。

具体而言，股权结构设计中的利益均衡策略主要包括以下几个方面：首先，要建立健全的股东大会、董事会、监事会等法人治理结构，明确股东大会作为最高权力机构的地位，保障各方股东平等地行使表决权、质询权等基本权利。同时，要完善董事会的议事规则和决策程序，确保重大事项的决策民主、透明、合规。其次，要制定合理的利润分配方案和分红政策，在满足企业发展需要的同时，给予股东合理的投资回报。可以通过设置差异化的股息率、股票期权等方式，兼顾不同类型股东的利益诉求。最后，要建立多元化的股东沟通渠道，通过定期报告、股东大会、投资者关系活动等方式，及时、准确、完整地披露企业经营状况，加强与股东的互动交流，提升企业运作的透明度。

股权结构设计还要注重对中小股东利益的保护。由于中小股东在信息、资源、话语权等方面处于弱势地位，其合法权益更容易受到侵害。为此，要建立专门的中小股东权益保护机制，如独立董事制度、关联交易回避制度等，切实维护中小股东的知情权、参与权、收益权。同时，要加强对控股股东的监督和制衡，防止其滥用控制权，侵占中小股东利益。必要时，还可以引入第三方投资者，如战略投资者、财务投资者等，形成多元股权结构，实现股权制衡，促进公司治理水平的提高。

(三) 股东大会决策与小股东保护

在公司治理结构中，股东大会是最高权力机构，对公司重大事务拥有最终决策权。然而，中小股东由于持股比例较低，在股东大会上的发言权和表决权往往受到限制。为了保障中小股东的合法权益，防止大股东滥用权力侵害中小股东利益，股权结构设计必须建立相应的制衡机制。

完善中小股东的表决权，提高其在股东大会决策中的话语权。可以考虑引入累计投票制，即股东拥有的表决权等于其持有的股份数乘应选董事人数，股东可以将其全部表决权集中投向单个候选人，也可以任意分配给不同的候选人。这种投票方式有利于中小股东选举自己的代表进入董事会，从而在公司决策层面为中小股东发声。

健全中小股东的知情权，确保其及时、准确、完整地了解公司经营状况。上市公司应严格遵守信息披露规则，主动、公平地向所有投资者披露重大信息。同时，中小股东还应当享有查询公司档案、财务账簿等商业文件的权利，必要时可以聘请会计师或律师协助其行使知情权。知情权的保障有助于中小股东及时发现和制止大股东的不当行为。

完善中小股东的收益权保护机制。公司应当制定合理的利润分配政策，明确现金分红的具体条件、比例、程序等，切实保障中小股东的投资回报。对于大股东侵占公司利益、损害中小股东权益的行为，要建立起有效的民事赔偿机制，提高中小股东维权的可操作性。国家还可以通过针对性立法，如加强关联交易监管、完善股东诉讼机制等，为中小股东权益保护提供制度保障。

优化公司内部治理结构也是保护中小股东权益的重要举措。要规范和理顺股东大会、董事会、监事会之间的制衡关系，明晰各自的权责边界。董事会要吸收外部独立董事，监事会要发挥对公司财务和高管的监督作用，形成各司其职、有效制衡的公司治理格局。管理层要树立为全体股东负责的理念，平等对待大小股东，坚持依法合规经营。

四、企业战略与股权结构的匹配

(一) 股权结构与发展战略一致

企业发展战略是企业长期目标和发展方向的总体规划，它决定了企业资源配置的重点和企业未来的发展路径。股权结构作为现代企业制度的基石，其设计必须服务于企业发展战略的实现。只有股权结构与企业发展战略相匹配，才能为企业的可持续发展提供制度保障。

从战略层面看，股权结构设计需要考虑企业的发展阶段和市场定位。不同发展阶段的企业，其战略重点和资源需求存在差异。初创期企业可能更注重股权的集中，以提高决策效率，快速抢占市场；成长期企业则需要引入外部投资者，优化股权结构，为扩张发展提供资金支持；成熟期企业的股权结构设计则要兼顾效率与公平，既要维护控股股东利益，又要保护中小股东权益，实现股权与经营的适度分离。同时，股权结构还要匹配企业的市场定位。如果企业定位于传统行业，股权相对集中可能更有利于战略执行；如果企业立足新兴产业，则需要更加开放的股权结构，引入多元投资主体，激发创新活力。

从治理层面看，股权结构设计要为企业战略决策提供有力支撑。董事会是企业战略决策的核心机构，其构成应与企业股权结构相适应。股权较为分散的企业，董事会成员的选任需要更加民主，以体现不同股东群体的意愿；股权相对集中的企业，董事会人选则更多取决于控股股东，但也要防止大股东操纵董事会，损害其他股东利益。股权结构设计还要为战略实施创造有利条件。管理层是企业战略的执行者，其激励机制应与股权结构相匹配。通过管理层持股、股票期权等方式，可以将管理者利益与所有者利益绑定，促使其为实现企业长远发展而努力。

从外部环境看，股权结构设计需顺应资本市场发展趋势。随着多层次资本市场的建立健全，越来越多的企业通过 IPO、定向增发等方式优化股权结构，引入机构投资者，完善公司治理。这就要求股权结构具有一定的灵活性和适应性，能够根据企业发展需要和市场环境变化及时作出调整。同时，股权结构设计还要符合监管规则和信息披露要求，提高股权变动的透明度，保护投资者合法权益。只有股权结构设计与资本市场接轨，企业才能更好地利用资本市场力量，实现转型升级和跨越式发展。

（二）支持公司战略

股权结构设计是企业实现战略目标的重要保障。合理的股权安排能够有效平衡各方利益，优化公司治理结构，提升企业的市场竞争力和可持续发展能力。股权结构设计在支持公司战略方面的作用主要体现在以下几个方面：

股权结构设计能够为企业的长期发展提供资本支持。通过引入战略投资者、机构投资者等，企业可以获得稳定的资金来源，为实施发展战略提供必要的资金保障。同时，合理的股权结构还能够优化企业的资本结构，降低财务风险，增强企业的抗风险能力。这对于企业在市场竞争中保持优势地位，实现可持续发展具有重要意义。

股权结构设计有助于完善公司治理，提高决策效率。通过股权的合理配置，企业可以建立起制衡机制，防止大股东操纵，保护中小股东利益。同时，引入机构投资者、独立董事等外部治理主体，能够优化董事会结构，完善监督约束机制，促进企业决策的科学性和规范性。良好的公司治理是企业战略得以有效实施的重要基础。

股权结构设计能够激励管理层和员工，凝聚发展共识。通过实施管理层持股、员工持股等股权激励计划，企业可以将股东、管理层、员工的利益紧密结合起来，形成利益共同体。这不仅能够充分调动管理层和员工的积极性，还能够增强组织凝聚力，形成上下一心推动企业发展的强大合力。当企业战略与个人利益实现有机统一时，战略执行的效果往往会更加显著。

股权结构设计还能够为企业引入先进技术、管理经验和市场资源。通过与上下游企业、科研机构等建立战略合作关系，以股权为纽带实现优势互补和资源共享，企业可以突破自身发展瓶颈，提升核心竞争力。这对于企业适应市场变化，把握发展机遇，实现战略目标具有重要价值。

股权结构是现代企业制度的基石，科学合理的股权设计是企业基业长青的制度保障。股权结构设计在支持公司战略、促进可持续发展方面发挥着不可替代的作用。只有根据企业的行业特点、发展阶段、战略需求等，构建起与之相适应的股权结构，并根据内外部环境变化进行动态调整，才能为企业的长远发展奠定坚实基础。这需要企业管理者审时度势，与时俱进，不断优化完善股权结构设计，以适应新形势下的战略发展需要。

（三）股权结构灵活性

股权结构的灵活性是企业战略调整的重要保障。随着内外部环境的不断变化，企业必须及时调整发展战略，以适应新的市场形势和竞争格局。而股权结构作为企业治理的基础，在很大程度上决定了企业战略调整的难易程度。一个灵活、开放的股权结构能够为企业的战略调整提供有力支撑，使企业能够快速响应环境变化，抓住市场机遇。

具体而言，股权结构的灵活性主要体现在以下几个方面：首先，股权结构应当具有一定的分散性，避免股权过于集中在少数股东手中。当股权高度集中时，控股股东可能出于自身利益考虑，阻碍必要的战略调整，导致企业错失良机。相反，当股权较为分散时，各股东之间可以形成有效的制衡，促使企业管理层从长远利益出发，及时做出战略调整。

股权结构应当引入多元化的投资者，特别是具有专业背景和丰富经验的机构投资者。这些投资者不仅能够为企业提供资金支持，更能在战略制定和调整过程中提供智力支持。他们凭借自身的专业视角和行业洞察，能够帮助企业管理层全面分析内外部形势，科学评估战略选择，从而作出正确决策。多元化的股东背景也有助于企业获得多方面的资源支持，增强企业的竞争力。

股权结构应当为引入战略投资者预留空间。战略投资者不同于一般的财务投资者，他们看重的是企业的长期发展前景，愿意与企业形成战略合作伙伴关系。引入战略投资者不仅能为企业带来资金，更能带来先进技术、管理经验和市场渠道等战略性资源。这对于企业开拓新业务、进入新市场、实现战略转型具有关键作用。因此，在股权结构设计时，应当为潜在的战略投资者预留一定比例的股权，以便在合适的时机引入。

股权结构还应当体现一定的市场化程度，建立起完善的股权激励和约束机制。通过管理层和核心员工持股等措施，将个人利益与企业长远发展紧密绑定，激发其主动进取、开拓创新的动力。同时，股权安排也要强化外部监督和市场压力，敦促管理层勤勉尽责，及时调整经营策略。只有形成内部激励和外部约束的有机结合，才能从根本上保证企业战略调整的有效性。

第三节 股权结构设计的策略与路径

一、股权结构设计的主要策略

（一）股权结构平衡策略

股权结构平衡策略旨在寻求企业控制权与资金筹措需求之间的均衡。一方面，企业需要通过合理的股权安排，确保决策效率和管理权的集中，以快速应对市场变化；另一方面，企业又需要通过股权融资等方式筹集发展所需资金，分散经营风险。如何在这两个目标之间取得平衡，是每个企业在设计股权结构时都必须慎重考虑的问题。

在实践中，平衡控制权与资金筹措的股权结构设计往往需要因企而异、因时而变。对于处于初创阶段的企业而言，创始人往往需要保留较高的股权比例，以巩固控制权，确保企业的长远发展方向。但随着企业不断成长，对资金的需求也会日益增加。此时，创始人就需要审时度势，适度稀释股权，引入外部投资者，以获得企业发展所需的资金支持。而对于已经进入成熟期的企业，股权结构的重点则可能转向如何维系大股东与中小股东之间的制衡，既要防止大股东滥用控制权侵害中小股东利益，又要避免决策效率因股权过于分散而降低。

股权结构平衡策略的关键在于动态调整。企业需要根据自身所处的发展阶段、面临的市场环境，不断优化股权结构，在控制权和资金筹措之间寻求最佳平衡点。这就要求企业管理层具备敏锐的战略眼光和决策智慧，既要立足当前，维护企业稳定运营；又要着眼长远，为企业未来发展预留空间。唯有如此，企业才能在股权博弈中赢得先机，在市场竞争中立于不败之地。

(二) 股权多元化策略

股权多元化策略是企业优化股权结构、分散投资风险的重要举措。传统的企业股权结构往往较为单一，主要由创始人或核心管理层持有，这种模式虽然有利于保证决策效率和执行力，但也存在诸多风险。一旦企业经营出现问题或面临重大挑战，单一股东很难独力承担，企业的生存和发展将受到严重威胁。因此，引入不同类型的股东，实现股权多元化已成为现代企业的必然选择。

从风险分散的角度来看，股权多元化策略具有显著优势。通过引入不同背景、不同领域的股东，企业可以获得更加多元化的资源支持和风险对冲。例如，引入战略投资者不仅能为企业带来资金，还能提供市场渠道、技术支持等关键资源；引入财务投资者则有助于优化企业的资本结构，提升财务稳健性；而员工持股计划的实施，不仅能够调动员工积极性，还能增强其归属感和忠诚度，形成风险共担的机制。这种多元化的股权结构，犹如一张安全网，能够有效分散企业经营风险，提升其抗风险能力。

从公司治理的角度来看，股权多元化策略有利于形成有效的制衡机制。当企业股权相对集中时，容易出现“一股独大”的问题，影响公司治理的科学性和有效性。而通过引入不同类型股东，特别是制度化投资者，企业的决策机制将更加完善，监督约束机制也将更加健全。不同股东之间可以形成良性互动，既相互促进，又相互制衡，共同推动企业的规范运作和持续发展。这种多元共治的模式，不仅有利于提高企业的治理水平，也能够促进企业价值的不断提升。

（三）股权动态调整策略

股权结构的动态调整是企业适应不断变化的市场环境，优化资源配置，实现可持续发展的重要手段。在瞬息万变的商业世界中，企业面临着技术革新、消费升级、政策变动等多重挑战，故步自封的股权安排难以为继。唯有根据内外部环境的变化，及时调整股权比例，引入新的战略投资者，激发组织活力，企业才能在激烈的市场竞争中立于不败之地。

从内部治理的角度来看，股权结构的动态调整有助于完善公司治理，平衡多方利益诉求。随着企业的发展，创始团队、管理层、员工、投资者等利益相关方的诉求也在不断变化。通过适时调整各方的持股比例，既可以激励核心团队，提高其工作积极性，也能够回应外部投资者的期望，巩固投融资关系。同时，引入新的股东也能为企业注入新鲜血液，优化董事会构成，完善内部制衡机制，从而提高公司治理水平。

从外部市场的角度来看，股权结构的动态调整是企业顺应市场变革，抓住发展机遇的关键一招。在产业升级、技术迭代的大潮中，企业需要大量资金投入研发创新，开拓新的业务领域。通过引入战略投资者，不仅可以获得宝贵的资金支持，还能借助其渠道资源、管理经验，加速企业的转型升级。适时调整创始团队、核心员工的股权激励，也有利于留住人才，激发其创新动力，为企业发展注入源源不断的内生动力。

股权结构的动态调整还需要与企业文化、组织架构、业务模式等方面的变革相匹配。单纯的股权比例变动，如果没有配套的制度安排和体制机制创新，往往难以发挥预期效果。因此，企业在推进股权结构调整的同时，还需要系统优化组织管理体系，完善公司章程、股东协议等基础性制度，为股权结构优化奠定坚实基础。

二、引入战略投资者的股权安排

（一）识别并吸引合适的战略投资者

识别并吸引合适的战略投资者是企业实现可持续发展的关键一步。战略投资者不仅能为企业带来宝贵的资金支持，更能提供行业资源、管理经验和战略指导。然而，并非所有的投资者都适合成为企业的战略伙伴。企业需要建立一套科学、系统的筛选机制，全面评估潜在投资者的实力和匹配度，精准锁定最佳合作对象。

企业应明确自身的战略定位和发展目标，并据此勾勒出理想战略投资者的画像。这一画像应包括投资者的行业背景、投资偏好、管理风格、资源禀赋等关键要素。只有深刻理解自身需求，企业才能有的放矢地展开投资者搜寻工作。

企业需要构建多维度的投资者评估体系。这一体系应兼顾财务指标和非财务指标，定量分析与定性分析相结合。在财务层面，企业应考察投资者的资金实力、投资业绩、风险偏好等因素；在非财务层面，企业则需要评估投资者的行业地位、管理能力、战略眼光、品牌声誉等软实力。唯有建立起全方位的评判标准，企业才能客观、准确地判断投资者的综合实力。

企业应积极拓展投资者信息的获取渠道。除了依靠传统的中介机构和商业网络，企业还可以利用互联网平台、行业论坛、学术会议等多种途径，广泛接触和了解潜在的战略投资者。同时，企业也应主动向目标投资者展示自身的优势和价值，提高双方合作的可能性。

企业需要与意向投资者进行深入沟通，充分论证双方的战略契合度。这种沟通不应局限于财务数据的交换，更应聚焦于企业愿景、发展战略、管理理念等深层次话题的探讨。唯有在价值观和发展方向上达成高度一致，双方才能建立起真正的战略伙伴关系。

（二）设计针对性股权结构与股东协议

在引入战略投资者的过程中，设计针对性的股权结构和股东协议至关重要。这不仅有助于明确投资者与企业双方的权利义务，维护各方合法权益，更能为企业的长远发展提供制度保障。股权结构是企业治理的基石，它直接决定了股东大会、董事会、监事会等权力机构的构成，影响着企业的决策效率和执行力。针对战略投资者设计股权结构，需要充分考虑其资源禀赋、行业地位、发展诉求等因素。一方面，要赋予战略投资者相应的表决权和知情权，使其能够参与企业的重大决策，发挥应有的战略引领作用。另一方面，也要防止其权力过度集中，避免损害创始团队和其他股东的利益。因此，在股权比例的分配上，既要体现对战略投资者的重视和激励，又要维持股权结构的合理平衡，确保企业治理机制的有效运转。

除了股权结构的设计，订立完善的股东协议也不可或缺。股东协议是企业、创始团队与战略投资者之间的契约性文件，对各方的权利义务做出明确约定，为后续合作奠定了法律基础。在起草股东协议时，需要对股东的出资方式、股权转让、利润分配、同业竞争、关联交易、董事提名等事项进行详细规定，以化解潜在的利益冲突，维护公司治理的规范运作。同时，还应对股东退出机制、违约责任等做出明确约束，为投资者提供必要的保护和退出渠道。一份严谨、细致的股东协议，不仅能够增强各方合作的可预期性和契约精神，也为企业未来融资、上市等资本运作提供了坚实的制度支撑。

在引入战略投资者的谈判过程中，企业需要审时度势，因势利导。一方面，要客观评估自身的市场地位和发展潜力，合理定位融资规模和股权价格，不能陷入“估值陷阱”。另一方面，也要深入了解战略投资者的产业资源、发展诉求，选择契合度高、协同效应强的合作伙伴。只有在平等互利的基础上，双方才能实现优势互补、互惠共赢。在谈判中，企业要注重维护自身的核心利益，对股权结构、公司治理、业务合作等关键条款保持必要的底线思维。同时，也要讲究方式方法，以开放包容的心态与投资者沟通，在战略目标、发展路径等方面达成共识，为长期合作奠定信任基础。

引入战略投资者是企业发展的重要里程碑，对股权结构和公司治理提出了更高要求。唯有根据企业的战略定位和行业特点，精心设计股权结构，完善股东协议，才能在融资的同时实现优势整合、价值创造，为企业插上腾飞的翅膀。这既考验企业家的战略眼光和决策智慧，也离不开专业团队的通力协作。在新时代的市场竞争中，以开放的心态引入战略投资者，以制度的力量保障企业发展，必将成为越来越多优秀企业的选择。

三、股权激励与约束机制的设计

（一）股权激励机制的设计要素与实施步骤

股权激励机制是现代企业治理的重要工具，它通过赋予员工一定的股权或期权，将员工个人利益与企业长远发展紧密绑定，从而充分调动员工的工作积极性，促进企业价值最大化。设计一套行之有效的股权激励机制，需要考虑诸多要素，并经过周密的规划和实施步骤。

明确股权激励的目的和原则至关重要。企业实施股权激励，旨在吸引和留住优秀人才，促进公司与员工的共同成长，实现股东、公司和员工利益的有机统一。这就要求股权激励方案必须遵循公平、公正、合法的基本原则，既要考虑激励的有效性，也要兼顾各方利益，避免因利益分配不均而产生内部冲突。

股权激励的对象和范围的选择直接影响着激励效果。一般而言，股权激励主要面向企业的中高层管理人员和核心技术骨干，这些员工对企业的经营管理和持续创新起着至关重要的作用。同时，股权激励的范围也要根据企业的发展阶段、人才结构等因素进行动态调整。对于初创期的企业，可以相对集中股权，对核心创始团队实施重点激励；而对于成熟期的企业，则可以扩大激励范围，兼顾各层级员工，形成全面的激励格局。

激励工具的选择是股权激励设计的核心内容。常见的股权激励工具包括限制性股票、股票期权、业绩股等。限制性股票是指公司按照一定条件将本公司股票授予员工，员工获得股份后其权利受到一定限制，且需要在限售期满后分批解除限售。股票期权则是指员工在未来的特定期间内以预先确定的价格购买公司股票的权利。各类激励工具的特点不同，企业需要结合自身情况进行灵活选择。例如，对于现金流较为充裕的成熟企业，限制性股票能够迅速增强员工的主人翁意识；而对于资金相对紧张的初创企业，股票期权可以有效控制前期成本，并为未来员工的资产增值提供可能。

业绩考核指标的设定直接关系到股权激励的成败。科学、合理的业绩考核指标能够将股权激励与公司战略目标紧密挂钩，引导员工为提升企业价值而不懈努力。在设定考核指标时，既要考虑财务指标，如营业收入、净利润等，也要兼顾非财务指标，如客户满意度、产品创新能力等。同时，不同发展阶段的企业，其考核指标的侧重点也应有所不同。例如，初创期企业可以更加关注业务拓展速度和市场占有率；而成熟期企业则要更加重视利润率、资产回报率等反映企业质量的指标。

股权激励方案的实施步骤需要统筹兼顾，审慎推进。从方案的制定，到与员工的沟通解释，再到方案的审议、披露和执行，每一个环节都需要严格把控，确保程序合规、操作规范。特别是在信息披露方面，上市公司更要严格遵循相关法律法规，及时、准确、完整地披露股权激励的相关信息，接受投资者和社会公众的监督。

（二）股权约束机制的重要性及其实施策略

股权约束机制通过股权结构设计和相关制度安排，对股东和管理层的行为进行规范和约束，从而保障企业的长远发展和全体股东的利益。在日益复杂的市场环境中，构建科学有效的股权约束机制已成为企业治理的关键课题。

股权约束机制的重要性体现在防范代理风险方面。在所有权与经营权分离的现代企业中，股东将企业经营管理的权力委托给专业管理人员，双方在目标、信息、风险偏好等方面存在着天然的差异，由此产生了委托代理问题。如果缺乏有效的约束，管理层可能利用手中的控制权谋取私利，损害股东的根本利益。通过合理设置股权结构，赋予股东相应的治理权力，并辅之以严密的内控和考核机制，可以有效规避“内部人控制”现象，将管理者的行为约束在股东利益最大化的轨道上。

股权约束机制有助于平衡多元利益主体的诉求。现代企业的利益相关方不仅包括股东，还涉及债权人、员工、客户、供应商等多个群体。他们在企业中拥有不同的利益诉求，如何在企业战略和日常运作中兼顾各方利益，实现利益均衡，是一个亟待解决的问题。而股权约束机制恰恰为此提供了制度保障。通过对不同类型股东权利的合理界定和制衡，建立起各利益相关方参与企业治理的渠道，可以形成一套科学民主的企业决策机制。这不仅有利于企业内部的团结协作，更能增强企业决策的科学性和执行力。

完善的股权约束机制是企业可持续发展的内在要求。企业的生存和发展离不开长期资本的支持，这就要求企业必须在激烈的市场竞争中保持旺盛的生命力。而股权约束机制对此至关重要：一方面，通过股权激励等方式，它可以充分调动管理层的积极性和创造性，推动企业不断创新进取；另一方面，它还能约束和规范大股东行为，防止其侵占企业资源，损害中小股东利益，从而维系良性的股权生态。唯有不断完善股权约束机制，才能为企业注入不竭的发展动力。

那么，如何在实践中有效实施股权约束机制呢？首要的是科学设计公司治理结构。要根据企业的发展阶段、所处行业、股权结构等特点，合理设置股东大会、董事会、监事会等治理机构，明确其职责边界和运作规则。同时，还要建立起专业化、市场化的经理人选聘和考核机制，形成决策层、监督层、经营层之间的有效制衡。其次，要强化信息披露和透明度。及时、准确、完整地披露企业经营信息，接受资本市场和社会公众的监督，可以有效地抑制内部人的机会主义行为。再次，要不断创新股权激励方式。灵活运用股票期权、限制性股票等方式，将经营者利益与股东利益紧密捆绑，形成利益共享、风险共担的长效机制。最后，还要注重发挥中小股东的积极作用。完善中小股东权益保护制度，畅通其参与公司治理的渠道，有助于形成外部监督的压力，督促控股股东和管理层规范运作。

第五章　企业投融资决策与股权结构的关联性

第一节　企业投融资决策对股权结构的影响

一、投融资规模与股权结构变化

（一）规模扩张引发的股权稀释现象

规模扩张是企业发展壮大的重要途径，但它往往伴随着股权结构的变化。当企业通过增发新股、引入战略投资者等方式扩大规模时，原有股东的持股比例不可避免地被稀释，其所享有的权益也可能受到影响。这种股权稀释现象对现有股东而言是一把"双刃剑"：一方面，规模扩张有利于提升企业的市场竞争力和盈利能力，从而增厚每位股东的"蛋糕"；另一方面，股权被稀释意味着原有股东对企业的控制力减弱，在重大决策中的话语权降低。因此，如何在规模扩张与股东权益保护之间取得平衡，是每一位企业管理者都必须慎重对待的问题。

对于控股股东而言，规模扩张引发的股权稀释可能带来控制权旁落的风险。当新引入的投资者持股比例不断提高，原控股股东的持股比例相应下降时，企业的控制权可能发生转移。这不仅意味着控股股东在企业经营决策中的主导地位受到削弱，还可能导致其在利润分配、资产处置等方面的利益受损。因此，控股股东往往更加关注规模扩张过程中的股权结构变化，力图通过一系列制衡措施来维护自身权益，如签订一致行动协议、设置董事会席位等。

对于中小股东来说，规模扩张虽然可能稀释其持股比例，但从长远来看，企业规模的增长往往能够带来更加可观的投资回报。一家不断发展壮大的企业，其盈利能力、市场价值往往更高，股东的投资收益也更加丰厚。中小股东可以通过参与定向增发、优先认购等方式，在规模扩张过程中维持甚至提高自身的持股比例，从而分享企业成长的红利。同时，中小股东还应积极参与公司治理，通过行使表决权、质询权等方式，监督和制衡控股股东及管理层的行为，防止其侵害中小股东利益。

规模扩张引发的股权稀释还可能影响股东的退出安排。当企业引入新的投资者，特别是战略投资者时，往往会对原有股东的股份转让、退出方式作出限制性安排，如设定禁售期、优先购买权等。这在一定程度上限制了原有股东的退出自由，可能影响其资产的流动性和变现能力。因此，原有股东在面临规模扩张决策时，还需要审慎评估对自身退出安排的影响，必要时通过协商谈判来保障自身权益。

（二）新股发行与股权重组

新股发行是上市公司壮大资本实力、优化股权结构的重要手段。通过向社会公众或特定投资者增发新股，上市公司可以迅速筹集大量资金，用于扩大再生产、开拓新业务，提升公司价值和市场竞争力。同时，新股发行也为公司引入新的股东，优化股权结构，完善公司治理，注入发展新动力。但新股发行也可能稀释原有股东权益，影响每股收益，加剧股价波动风险。因此，上市公司在制定新股发行方案时，必须审慎评估发行规模、发行价格、发行对象等关键要素，平衡融资需求与股东利益，确保新股发行行为的合规性和可持续性。

股权重组则是企业实现资源整合、提高运营效率的重要路径。通过股权收购、置换、转让等方式，企业可以实现产业链的纵向整合或横向扩张，发挥协同效应，提高市场占有率和议价能力。同时，股权重组还可以引入战略投资者，优化股东结构，改善法人治理，为企业发展注入新的资源和活力。但股权重组也存在诸多风险和挑战，如交易定价、整合难度、文化冲突等，需要企业审慎评估重组标的，制定周密的整合方案，强化风险管控和沟通协调，确保重组工作平稳推进、价值有效释放。

在实践中，新股发行与股权重组往往相互交织、相得益彰，共同塑造企业的股权结构和发展路径。例如，企业可以通过定向增发引入战略投资者，获得资金支持的同时，也可借助投资者的资源和能力，加速产业整合和业务拓展。又如，企业在进行股权重组时，可以同步启动再融资，利用新股发行募集现金对价，降低并购成本和财务杠杆风险。再如，企业可以通过新股发行为员工持股计划、股权激励计划提供资金来源和股份来源，完善长效激励约束机制，实现股东、管理层、员工的利益捆绑和价值共创。

（三）投融资规模与控股权转移风险

企业投融资规模的变化会对公司控股权结构产生重大影响，尤其是对控股股东的利益可能造成潜在的冲击。在企业进行大规模融资时，如果控股股东无法同步增持股份或提供足够资金支持，其持股比例将面临被稀释的风险。这种股权稀释效应可能导致控股股东对公司的控制力下降，决策权受到削弱，进而影响其长期战略布局和利益诉求的实现。因此，控股股东需要高度重视投融资规模变化引发的控股权转移风险，审慎评估自身的资金实力和控制力维护能力，制定相应的应对策略。

一方面，控股股东可以通过参与增资扩股、认购可转债等方式，与企业投融资规模同步增加自身的资金投入，以维持其持股比例和控制地位。这就要求控股股东具备雄厚的资金实力和快速筹资能力，能够在关键时刻对企业提供有力支持。另一方面，控股股东还可以通过修改公司章程、签订一致行动协议等法律手段，巩固其控制权基础，提高控股地位的稳定性。同时，控股股东还需要加强与其他股东尤其是战略投资者的沟通协调，通过利益捆绑、共同承担风险等方式，争取他们对自身控制权的认可和支持。

控股股东还应关注企业投融资决策的科学性和合理性，避免盲目扩张导致财务风险加剧，进而危及控股权稳定。这就要求控股股东提升自身的战略决策能力，全面评估投融资项目的风险收益，确保资金使用的安全性和效益性。同时，控股股东还需要加强对管理层的监督和约束，完善公司治理结构，防范内部人控制等问题的发生。

二、投融资方式与股权结构调整

（一）权益融资与债务融资的选择

权益融资与债务融资作为企业融资的两大主要方式，其选择不仅影响企业的资本结构，还会对企业的股权结构产生深远影响。通过权益融资，企业引入新的股东，股权结构必然发生变化；而债务融资虽然不直接改变股权结构，但其带来的财务风险和债权人权利也会间接影响股权稳定性。因此，企业在权益融资与债务融资的选择中，必须充分考虑对股权结构的影响，实现融资效率与股权优化的平衡。

从股权稀释的角度看，权益融资通常意味着原有股东权益的摊薄。当企业以发行新股的方式进行融资时，新股东的加入必然导致原股东持股比例下降，控制权受到稀释。这种股权稀释效应与融资规模密切相关，融资规模越大，股权稀释程度越高。因此，原有股东尤其是控股股东通常倾向于债务融资，以维护自身控制权和利益。但过度依赖债务融资，又可能加剧财务风险，影响企业长期发展。权衡利弊，合理选择权益融资与债务融资比例，是维护股权结构稳定的关键。

从股权结构优化的角度看，权益融资为企业引入新的战略投资者提供了契机。通过私募或定向增发等方式，企业可以选择与自身发展战略相契合的投资者，借助其资金、技术、管理等资源优势，实现股权结构的优化升级。引入机构投资者，有助于完善公司治理，平衡大小股东利益；引入行业龙头或上下游企业，有助于强化产业协同，提升市场竞争力。可见，权益融资并非简单的资金募集，而是一次股权结构调整的战略机遇，关乎企业的长远发展。

权益融资与债务融资对股权结构的影响是动态的、多维的。随着企业发展阶段、所处行业特点、资本市场环境等因素变化，二者的利弊权衡也在不断变化。例如，在企业成长初期，股权融资有助于快速扩大规模，而在成熟期，债务融资则有利于财务杠杆效应的发挥。再如，在股权分散的行业，债务融资有助于控股股东巩固控制权，而在股权相对集中的行业，股权融资则更有利于股东利益的制衡。因此，选择权益融资还是债务融资，绝非一成不变，而是需要根据内外部环境的变化动态调整。

（二）股权融资中的私募与公募

股权融资的私募与公募是企业常见的两种融资方式，其在股权成本与结构调整效率方面存在显著差异。私募融资通常以定向增发的形式进行，投资者多为战略投资者或机构投资者，融资规模相对较小。而公募融资则面向社会公众，通过首次公开发行（IPO）或增发等方式实现，融资规模更大。

从股权成本的角度看，私募融资的股权成本通常低于公募融资。这是因为私募投资者多为长期投资者，他们更看重企业的长远发展前景，对短期收益的要求相对较低。同时，由于私募投资者参与企业治理和决策，他们能够更深入地了解企业运营状况，降低信息不对称风险，从而要求较低的风险溢价。相比之下，公募投资者多为散户投资者，他们更看重短期收益，对风险溢价的要求较高，导致公募融资的股权成本更高。

从股权结构调整效率的角度看，私募融资往往更有利于优化企业股权结构。私募投资者作为战略投资者，能够为企业带来先进的管理理念、技术支持和市场资源，帮助企业提升核心竞争力。同时，私募投资者的加入也有利于改善企业治理结构，引入外部监督机制，促进企业规范运作。相比之下，公募融资虽然能够为企业带来大规模资金，但散户投资者参与企业治理的意愿和能力有限，对企业股权结构的优化作用较小。

然而，私募融资与公募融资在股权成本和结构调整效率方面的差异并非绝对。对于成长型企业而言，公募融资能够提供更充足的资金支持，助力企业快速扩张，同时也能提升企业的市场知名度和品牌影响力。而对于成熟型企业而言，私募融资更有利于维护控股股东利益，防止股权过度分散。

企业在选择股权融资方式时，需要综合考虑自身发展阶段、资金需求、股权结构特点等因素。对于处于初创期和成长期的企业，私募融资可能更为适宜，既能以较低的股权成本获得资金支持，又能引入战略投资者优化股权结构。而对于进入成熟期的企业，公募融资则可能更有利于扩大企业规模，提升市场影响力。

（三）混合融资决策对股权稳定性的影响

混合融资决策是现代企业财务管理中的重要议题，它综合运用权益融资和债务融资两种方式，在优化资本结构、降低融资成本的同时，也对企业股权结构产生深远影响。一方面，混合融资能够有效平衡股权融资的所有权稀释效应和债务融资的财务风险，维护原有股东的控制权和收益权；另一方面，不同融资方式的比例搭配又会引发股权结构的动态变化，影响公司治理和经营决策。因此，如何在混合融资决策中实现融资效率与股权稳定的平衡，已成为企业财务管理的核心课题。

从理论层面看，混合融资决策应基于企业的发展阶段、行业特征、股权结构现状等因素，综合权衡融资成本、财务风险和控制权影响，适度平衡权益融资与债务融资的比例。权益融资虽然能够增强企业资本实力，优化财务杠杆，但也可能引发股权稀释，减弱原有股东的控制力；而债务融资虽然不会直接影响股权结构，但高杠杆经营也会提高财务风险，制约企业的融资空间和经营弹性。因此，混合融资决策需要在动态中寻求融资效率与股权稳定的最优均衡点，既要满足企业的资金需求，又要维护股东利益和公司治理结构。

从实务角度看，混合融资决策应立足企业的战略发展目标，兼顾外部市场环境变化，灵活调整权益融资与债务融资的搭配方案。例如，处于成长期的科技型企业可以适度提高权益融资比例，引入战略投资者，优化股权结构和公司治理；而成熟期的传统制造业企业则可以适度增加债务融资比例，利用财务杠杆效应提升经营业绩，同时维持股权结构的相对稳定。混合融资决策还应重视投资者关系管理，加强与股东、债权人的沟通协调，在资本市场环境变化时及时调整融资策略，化解股权结构波动风险。

三、投融资主体对股权结构的影响

（一）控股股东与小股东的不同策略

控股股东与小股东在企业投融资决策中的策略差异，对股权格局产生了深远影响。控股股东凭借其雄厚的资本实力和控制权优势，在投融资决策中往往占据主导地位。他们通过主导投资方向、融资规模等关键决策，不断强化自身在企业股权结构中的支配地位。而小股东受制于资金和话语权，在投融资决策中的影响力相对有限。这种决策权的不对称，使得控股股东的投融资策略对股权格局的影响更为直接和显著。

从投资决策来看，控股股东倾向于选择能够巩固其控制权的项目，如对上下游产业链的并购整合，以提升企业的市场竞争力和议价能力。这类投资决策虽然有利于企业长远发展，但可能削弱小股东的利益诉求。相比之下，小股东更青睐于能够带来稳定回报的投资项目，如现金分红较高的成熟业务。这反映出控股股东与小股东在投资偏好上的分歧，进而影响企业股权结构的变动。

在融资决策方面，控股股东握有主导权的企业往往更倾向于股权融资，以避免债务融资带来的财务风险和控制权稀释。通过定向增发、私募配售等方式引入友好战略投资者，控股股东不仅可以获得发展所需资金，还能进一步稳固其控股地位。反观小股东，则更偏好债务融资，以期在不影响自身股权比例的前提下分享企业成长红利。这种融资策略分歧，加剧了控股股东与小股东在股权结构上的此消彼长。

控股股东与小股东在投融资决策中的博弈，还体现在对公司治理、信息披露等方面的态度差异上。控股股东出于维护控制权的需要，可能利用其主导地位干预公司治理，操纵信息披露，损害小股东利益。而小股东为了保护自身权益，则往往要求加强对控股股东的监督制衡，完善公司治理结构，提高决策透明度。这种制衡博弈，使得企业股权结构的演变更趋复杂化。

（二）战略投资者介入的影响

在企业的发展过程中，战略投资者的介入往往能够带来投融资能力的提升和股权结构的优化。一方面，战略投资者凭借其雄厚的资金实力和丰富的行业资源，能够为企业注入充足的资金，满足企业扩张和创新的需求。同时，战略投资者还可以利用自身的专业优势和管理经验，为企业提供全方位的支持和指导，帮助企业优化业务结构，提升核心竞争力。另一方面，战略投资者的加入也将对企业原有的股权结构产生重要影响。通过引入战略投资者，企业可以优化股权结构，形成多元化的股东结构。这不仅有助于完善公司治理，促进决策的科学性和有效性，还能够增强企业的风险抵御能力，实现股权结构的动态平衡。

然而，战略投资者介入所带来的影响是多方面的，需要企业审慎对待。首先，战略投资者的加入可能会对原有股东的控制权产生冲击。尤其是当战略投资者持股比例较高时，原有股东的话语权和决策权将受到削弱，甚至面临控制权转移的风险。其次，战略投资者与原有股东在发展理念、经营方式等方面可能存在分歧，导致企业决策效率降低，内部治理受到影响。最后，若战略投资者过度干预企业经营，可能会抑制企业的自主创新能力，削弱其市场应变力和可持续发展潜力。

企业在引入战略投资者时，需要通盘考虑其对投融资能力、结构、公司治理等方面的影响，并在谈判中争取有利条件，维护自身利益。一方面，企业应明确战略投资者的引入目的，选择契合自身发展需求、能够产生协同效应的合作伙伴。通过对战略投资者的背景、资源、专长等进行全面评估，确保其能够真正提升企业价值。另一方面，企业需要与战略投资者就双方权利义务、公司治理、利益分配等核心问题达成一致，签订完善的投资协议，对投资退出机制、股权转让限制等进行明确约定，从而降低代理成本，规避控制权风险。同时，企业还应建立起科学的公司治理架构，健全董事会、监事会等治理机构，完善内控制度，确保决策的民主性和透明度，保障各方股东的合法权益。

（三）政府及金融机构作为投融资主体

政府和金融机构作为投融资主体，在影响企业股权结构方面发挥着至关重要的作用。政府通过产业政策、财政补贴、税收优惠等措施，直接干预企业的投融资行为，引导资金流向特定行业或领域，从而影响企业的股权结构。例如，政府可能通过设立产业投资基金，直接参股符合国家战略方向的企业，成为企业的重要股东之一。同时，政府还可以利用行政审批权，对企业的投融资活动进行监管和调控，限制或鼓励特定类型的股权投资，进而塑造企业的股权结构。

商业银行、证券公司、保险公司等金融机构作为专业的投融资中介，通过信贷、债券、股票等多种金融工具，间接影响企业的股权结构。金融机构可以根据企业的信用状况、发展前景等因素，选择性地提供融资支持，决定融资规模和方式。这不仅关系到企业的资本结构，也会对股权结构产生深远影响。例如，银行贷款可能附带要求企业接受银行指派的董事，从而赋予债权人一定的公司治理权。又如，企业通过首次公开发行（IPO）上市，不仅引入了社会公众股东，还可能因此接受机构投资者的战略投资，导致股权结构的重大变革。

政府和金融机构对企业股权结构的影响往往是交织在一起、相互影响的。政府的产业政策和监管措施会影响金融机构的投资决策，引导资金配置的方向和规模。而金融机构的投融资活动反过来也会影响政府决策，推动相关政策的调整和完善。二者形成了一种复杂的互动关系，共同塑造着企业的股权结构。

第二节　股权结构对企业投融资决策的影响

一、股权结构对投融资策略的影响

（一）策略选择与股权结构关联

股权结构的设计对企业投融资决策具有深远影响，它不仅关乎企业控制权的分配，更与企业的融资偏好密切相关。不同的股权结构会导致企业在权益或债务融资之间做出不同的选择。一般而言，股权相对集中的企业更倾向于债务融资，而股权分散的企业则更偏好权益融资。这种差异源于股权结构对代理成本和信息不对称程度的影响。

对于股权高度集中的企业，控股股东拥有较大的控制权和话语权，他们往往希望通过债务融资来维持自己的控制地位，避免股权被稀释。同时，由于控股股东与管理层利益高度一致，代理成本相对较低，债务融资的风险也更容易控制。相比之下，股权分散的企业股东影响力较为分散，管理层拥有更大的自主权。为了规避债务融资带来的财务风险和代理问题，管理层可能更倾向于权益融资。

股权结构还会影响企业面临的信息不对称程度，进而影响其融资偏好。在股权集中的企业中，控股股东通常与管理层保持密切沟通，信息不对称程度较低。这使得企业能够以较低的成本获得债务融资，降低了权益融资的吸引力。而在股权分散的企业中，中小股东难以有效监督管理层，信息不对称程度较高。为了缓解这一问题，企业可能更倾向于权益融资，以便向市场传递积极信号，提升投资者信心。

股权结构对企业融资策略的影响还取决于企业所处的发展阶段和外部环境。例如，处于高速成长期的企业，即使股权相对集中，也可能因为大规模的资金需求而选择权益融资。而在信贷紧缩的宏观环境下，即使股权分散的企业也可能被迫转向债务融资。因此，企业在制定融资决策时，既要考虑自身股权结构的特点，也要综合评估内外部环境因素。

（二）股权结构对资金使用效率的影响

股权结构的分散或集中程度对企业投资项目决策效率有着重要影响。高度集中的股权结构往往意味着控股股东拥有更大的话语权，而分散的股权结构则使得各股东的意见都需要得到充分考虑。这种权力配置的差异会直接影响到企业在投资决策过程中的效率和质量。

当股权高度集中时，控股股东可以相对容易地推动自己偏好的投资项目，决策过程趋于简化和高效。控股股东凭借其在企业中的支配地位，能够以更快的速度对项目进行评估和筛选，减少决策中的“搭便车”行为和冗长讨论，从而提高决策效率。但是，这种“一言堂”式的决策模式也存在潜在风险。倘若控股股东的判断出现偏差或者存在侵占中小股东利益的行为，高度集中的股权结构则缺乏有效的制衡机制，可能导致决策质量下降，损害企业长远利益。

当股权结构呈现较高的分散度时，企业在投资决策中需要广泛吸收和平衡不同股东的意见。一方面，这种民主式的决策有利于集思广益，从不同视角对项目进行全面评估，做出理性选择。各股东可以基于自身的知识背景和利益诉求，对投资方案提出宝贵意见，减少决策中的盲点和偏差。另一方面，过于分散的股权结构也可能拖慢决策速度，延长项目评估和审批流程。股东间的意见分歧、利益博弈都需要通过反复沟通和谈判来化解，这无疑会消耗更多的时间和精力成本，影响企业对市场机遇的快速反应能力。

股权结构对投资决策效率的影响是一把“双刃剑”。高度集中的股权有利于提高决策速度，但可能存在决策专断和侵害中小股东利益的问题。而过于分散的股权则有助于决策民主和兼顾各方利益，但也可能导致决策低效、错失良机。因此，企业需要根据自身发展阶段和战略需求，在提高决策效率和保障决策质量之间寻求平衡，构建科学合理的股权结构。

除了股权集中度，股东背景的多元化对企业投资决策效率也有重要影响。不同类型股东如机构投资者、战略投资者、财务投资者等，其专业知识、行业经验、投资偏好都存在差异。机构投资者通常拥有更加专业的投资团队和丰富的行业资源，能够为企业的投资决策提供专业意见和外部支持。战略投资者则更加注重投资项目与企业长期发展战略的匹配度，他们的意见有助于企业作出与自身优势和目标相契合的选择。而财务投资者则更加关注项目的短期回报率，有助于平衡企业投资决策的风险和收益。股东背景的多元化有利于企业在投资决策中兼顾不同维度，形成更加全面和审慎的判断。

二、股东构成对投融资决策的影响

（一）不同类型股东的投融资偏好

机构投资者作为专业的投资主体，其投资行为往往建立在对企业价值和发展前景的审慎评估基础之上。相比之下，个人投资者尤其是中小投资者，其投资决策更易受到市场情绪和非理性因素的影响。因此，机构投资者持股比例的高低，在一定程度上反映了资本市场对企业投融资行为的认可度。当机构投资者持股比例较高时，企业在制定投融资决策时会更加谨慎，以避免损害机构投资者利益，维护自身在资本市场的声誉。

与机构投资者相比，大股东对企业投融资决策的影响更加直接和显著。大股东凭借其控股地位和话语权，能够对企业经营管理施加重大影响。一方面，大股东可能出于自身利益考虑，倾向于采取激进的投融资策略，承担较高风险以追求更高回报。另一方面，大股东也可能基于长远发展考虑，支持企业通过审慎的投融资行为实现可持续增长。大股东的投融资偏好在很大程度上取决于其自身的风险偏好和战略眼光。

相较于机构投资者和大股东，小股东对企业投融资决策的影响相对有限。小股东持股比例低，很难对企业经营管理产生实质性影响。但是，小股东作为企业所有者之一，其利益诉求不容忽视。为了保护小股东权益，上市公司在制定投融资决策时需要充分披露信息，提高决策透明度，并通过完善的公司治理机制平衡各方利益。

不同类型股东构成的制衡机制也会影响企业投融资决策。当股权结构相对分散，不同类型股东能够形成有效制衡时，企业投融资决策往往更加理性和平衡。相反，当某一类型股东处于绝对控股地位时，其个人意志可能凌驾于企业整体利益之上，导致投融资决策偏离最优路径。

企业在制定投融资决策时，需要综合考虑不同类型股东的利益诉求和影响力，平衡风险和收益，确保决策的科学性和可持续性。这就要求企业建立起完善的公司治理结构，形成股东、董事会、管理层之间的有效制衡，提高决策的透明度和规范性。同时，企业还应该与各类股东保持良性互动，及时沟通信息，了解股东关切，在兼顾各方利益的基础上推动企业长远发展。

（二）股东知识背景与投融资决策

股东的行业经验和知识水平对企业投融资决策具有重要影响。具备丰富行业经验和专业知识的股东，能够更全面、更深入地分析投资项目的可行性和风险，做出更加科学、合理的投资决策。他们对行业发展趋势有着敏锐的洞察力，能够准确把握市场机遇，选择具有长期发展潜力的投资方向。同时，这些股东还能运用自身的专业知识，对投资项目进行细致的技术和财务分析，提高投资决策的精准度和可靠性。

相比之下，缺乏行业经验和专业知识的股东，其投资决策往往较为盲目和随意。他们可能受到短期利益的诱惑，选择高风险、低回报的投资项目；也可能因为对行业发展趋势缺乏了解，错失优质的投资机会。这些决策失误不仅会影响企业的资金使用效率，还可能给企业的长远发展带来不利影响。

股东的知识背景还会影响其对不同融资方式的偏好。具有金融专业背景的股东，通常更倾向于使用债务融资，因为他们对资本市场运作较为熟悉，能够合理利用财务杠杆提升投资收益。而具有技术专业背景的股东，则可能更青睐股权融资，因为他们注重企业的长期发展，希望通过引入战略投资者获得技术、管理等方面的支持。

三、股权集中度与投融资决策的效率

（一）高集中度股权结构对决策速度的影响

高集中度的股权结构能够使企业在投融资决策方面表现出更高的效率和速度。当企业股权高度集中在少数股东手中时，决策权也随之集中。这些控股股东凭借其在企业中的支配地位，能够以更迅捷的方式推动投融资决策的制定和实施。相比之下，股权分散的企业往往需要协调多方利益，决策过程容易陷入议而不决、效率低下的困境。

从信息沟通的角度来看，高集中度的股权结构有利于决策信息在内部的快速传递和共享。控股股东与管理层之间沟通渠道通畅，能够及时了解企业的经营状况和资金需求，并根据市场形势迅速调整投融资策略。这种信息优势能够帮助企业抓住投资机会，规避潜在风险，在市场竞争中赢得先机。相反，股权分散的企业在信息沟通和决策协调方面存在天然劣势，难以做出高效、一致的投融资决定。

高集中度的股权结构还能够有效降低代理成本，提高投融资决策的科学性。在所有权与经营权高度分离的现代企业中，管理层与股东之间存在着代理关系。由于信息不对称和利益诉求差异，管理层的决策行为可能偏离股东利益。而当股权高度集中时，控股股东对管理层拥有更强的监督和约束能力，能够通过股东会、董事会等治理机制对其进行有效制衡，从而保证投融资决策的合规性和有效性。相比之下，股权分散的企业更容易出现“内部人控制”问题，管理层决策可能偏离企业长远发展目标。

高集中度的股权结构在提高投融资决策效率的同时，也可能引发决策失误和代理风险。一方面，过于集中的决策权可能导致控股股东的独断专行，忽视其他股东的利益诉求，做出有失偏颇的投融资决定。另一方面，控股股东与管理层之间若缺乏有效的制衡机制，则可能滋生内部人控制和关联交易等代理问题，损害企业价值和中小股东利益。因此，在享受高效决策的同时，高集中度股权企业也需要注重完善公司治理，防范代理风险。

（二）低集中度股权对决策广泛性的影响

股权分散度高的企业在决策过程中往往会涉及更广泛的意见和观点。当股权相对分散时，意味着没有一个或少数几个股东能够完全主导公司决策。相反，许多持股比例相近的中小股东将共同参与到企业的重大事项决策中来。这种情况下，每一位股东的意见都有可能对最终决策产生影响。因此，股权分散的企业在制定投融资方案时，通常需要综合考虑多方股东的利益诉求和建议，而不能仅仅依赖少数大股东的意志。

正是由于股权分散引入了更多元化的意见，企业决策的广泛性明显提升。一方面，中小股东来自不同的背景和领域，他们能够从各自的专业视角对投融资决策提供参考。例如，有的股东可能在财务金融领域有较深造诣，能够针对融资成本和风险控制提出专业意见；有的股东可能熟悉细分市场和行业发展趋势，能够对拟投资项目的市场前景作出评估。这些多角度、跨领域的意见汇聚在一起，无疑能够极大丰富决策的思路和方案。另一方面，中小股东的广泛参与也使得决策讨论更加深入和细致。由于每一位股东的决策权重相对较小，他们往往希望通过充分表达自己的观点来影响其他股东，从而使方案朝有利于自身利益的方向优化调整。在这种博弈过程中，各种观点能够得到更全面的交流和碰撞，犹如"群体智慧"一般，有助于决策水平的提高。

股权分散也可能在一定程度上降低决策效率。一旦众多中小股东的意见出现严重分歧，且各方均不愿退让时，就有可能陷入决策僵局，甚至引发恶性内斗，最终延误决策进程。但总体而言，适度的股权分散仍然能够通过引入多元意见而优化企业投融资决策。关键是要建立起科学、规范的治理机制，通过设置议事规则、表决程序等，既确保每一位股东都有表达观点的机会，又能在出现意见分歧时形成有效的利益协调机制，避免决策陷入停滞。只有在"分散"与"统一"之间取得平衡，才能真正发挥股权结构的优势，推动企业的长远发展。

第三节　企业投融资决策与股权结构的协同作用

一、投融资决策与股权结构的互补性

（一）理论基础

财务杠杆和股权杠杆是现代公司财务管理中的两个核心概念。它们既体现了企业资本结构的特征，又深刻影响着企业的投融资决策和股权设计。透彻理解这两个概念的内涵和作用机制，对于优化企业资本结构、提升企业价值具有重要意义。

财务杠杆是指企业通过负债融资来放大股东权益收益率的财务管理策略。在理想状态下，当企业的投资收益率高于债务利率时，财务杠杆就能起到"四两拨千斤"的作用，以较小的股本投入获得较高的权益回报。财务杠杆的大小由负债比例决定，负债比例越高，财务杠杆作用越强。但需要注意的是，财务

杠杆是一把“双刃剑”，过高的负债比例会显著提升企业的财务风险，甚至引发财务危机。因此，企业需要在权衡收益与风险的基础上，审慎选择合理的负债水平。

与财务杠杆相对，股权杠杆则聚焦于公司股权结构对企业绩效的影响。通过引入战略投资者、实施管理层持股等方式优化股权结构，可以有效降低代理成本，改善公司治理，进而提升企业的运营效率和市场竞争力。同时，良好的股权结构设计还能促进股东利益的一致，激励管理层和员工的积极性，为企业的长期发展提供动力。但股权杠杆的运用也需要因企制宜，充分考虑企业的发展阶段、行业特点和管理基础等因素。过度集中或过于分散的股权结构都可能损害企业价值。

财务杠杆和股权杠杆的合理运用对于企业的可持续发展至关重要。一方面，通过财务杠杆放大投资收益，可以在不增加股本的情况下扩大企业规模，抢占市场先机；另一方面，借助股权杠杆优化治理结构，能够促进企业经营管理的规范化、科学化，提升核心竞争力。因此，企业在制定投融资决策和股权结构设计时，必须系统权衡财务杠杆和股权杠杆的效用，并结合自身禀赋条件，构建“双杠杆”协同发力的资本运营模式。只有如此，才能在控制风险的前提下实现企业价值最大化。

从理论层面看，财务杠杆和股权杠杆蕴含了现代金融学和管理学的精髓。它们分别体现了最优资本结构理论和委托代理理论的核心思想，为企业财务决策和治理实践提供了重要指引。同时，两种杠杆的有机结合又构成了协同理论的应用场景，为研究企业内外部资源的优化配置提供了新的视角。深入探讨财务杠杆与股权杠杆的理论基础，对于丰富和发展现代企业理论具有重要价值。

（二）互补效应

股权结构设计与投融资决策是企业财务管理中息息相关的两个方面，二者相互影响，共同塑造企业的资本结构和发展路径。科学合理的股权结构能够为企业的投融资活动提供有力支撑，而正确的投融资决策又能进一步优化股权结构，实现二者的良性互动。

具体来说，合理的股权结构首先能够降低企业的代理成本。由于所有权和经营权的分离，管理层的目标可能与股东利益不完全一致，产生代理问题。而一个设计良好的股权结构，能够形成有效的监督和激励机制，促使管理层更加忠实地执行股东意愿，规避道德风险，从而降低代理成本，为科学的投融资决策奠定基础。

优化的股权结构有助于平衡企业的风险和收益。不同类型的股东对风险和收益有不同偏好，合理的股权结构能够在控股股东、中小股东、战略投资者等各方利益间取得平衡。这种平衡不仅能够满足股东的差异化需求，也为企业的投融资决策提供更多选择空间。企业可以根据自身的风险承受能力和发展阶段，在股权结构的支持下灵活选择投融资方式，实现风险与收益的匹配。

完善的股权结构能够拓宽企业的融资渠道。一个股权结构合理、治理规范的企业更容易获得资本市场的青睐，无论是在IPO、定向增发还是债券发行等融资活动中，都能借助良好的股权结构获得投资者的信任和支持。特别是引入机构投资者、战略投资者等外部股东，不仅能为企业带来资金，更能提供市场资源、管理经验等方面的赋能，为企业后续投资活动创造有利条件。

股权结构的优化还能促进企业投资决策的科学化。股权结构的改善意味着决策机制的完善，有助于形成科学民主、民主集中的决策文化。这种文化能够促使决策者从全局和长远出发考虑问题，平衡短期收益和长期发展，在广泛听取各方意见的基础上形成一致决策，提高投资决策的质量和效率。

良好的股权结构还能增强企业的抗风险能力。通过股权的合理分散，特别是引入多元化的股东，企业能够有效分散风险，避免因股权过于集中而带来的"一股独大"风险。当面临外部环境变化或自身经营危机时，多元股东既能提供资源支持，也能形成民主监督，帮助企业渡过难关，化解风险。这无疑增强了企业的风险抵御能力，为投融资活动提供了有力保障。

股权结构的不断优化还能带来投融资理念的革新。一个治理结构完善、充满活力的企业，往往更加开放包容，更加注重与资本市场的良性互动。这种互动不仅体现在规范的信息披露、积极的投资者关系管理等方面，更体现在投融资理念的与时俱进。在股权结构优化的推动下，企业能够更加积极主动地拥抱资本市场，运用新的投融资工具，探索创新的融资模式，实现投融资理念的革新和升级。

二、股权结构对投融资效率的促进

（一）股权结构优化对提高资金使用效率的作用机制

股权结构优化在提高企业资金使用效率方面具有重要作用。一个设计合理、制衡有序的股权结构，能够有效降低代理成本，改善公司治理，促进投融资决策的科学化。具体而言，股权结构优化主要通过以下机制发挥作用：

优化的股权结构有助于形成有效的股东监督机制。当股权相对分散时，中小股东可以通过行使表决权、质询权等方式，对管理层的行为进行监督和制约，减少内部人控制问题。同时，机构投资者等专业股东的引入，也能够发挥外部监督的作用，敦促管理层审慎决策，提高资金使用效率。相比之下，过于集中的股权结构容易导致大股东"一股独大"，侵害中小股东利益，加剧代理问题。

股权结构优化有利于平衡股东、债权人和管理层之间的利益关系。合理的股权结构设计，能够在股东追求投资回报最大化和债权人追求债务安全性之间取得平衡，避免过度负债导致的财务风险。同时，通过股权激励等方式，将管理层利益与股东利益绑定，能够促使管理层更加审慎、高效地使用企业资金，最大限度地创造价值。

优化的股权结构能够促进企业的规范运作和信息披露。为了维护股东利益，上市公司需要严格遵守信息披露规则，定期公开财务状况、经营成果等重要信息。这种透明度的提高，一方面有助于股东对企业经营状况进行监督，另一方面也为资本市场对企业价值的判断提供了重要依据，有利于提高资源配置效率。规范的信息披露还能够减少内幕交易等违规行为，维护市场秩序。

股权结构优化还能够促进企业的长期发展战略。合理的股权结构有助于平衡短期利益和长期利益，避免管理层过于追求短期业绩而忽视长远发展。机构投资者等长期股东的引入，能够推动企业制定长期发展战略，加大研发投入，提升核心竞争力。而过于分散的股权结构，则可能导致"搭便车"问题，股东缺乏长期投资的动力，不利于企业的可持续发展。

（二）融资决策中股权结构对投资回报率的影响

融资决策与股权结构之间存在着内在的联系，股权结构的优化能够对企业的投资回报率产生积极影响。一个合理的股权结构能够有效降低代理成本，改善公司治理，进而提高投融资决策的质量和效率。股权结构中股东的构成及其持股比例，决定了股东在公司治理中的地位和影响力。当股权相对集中，特别是存在控股股东时，控股股东往往掌握了企业的控制权，在投融资决策中起主导作用。这种"一股独大"的股权结构虽然有利于决策效率，但也可能导致大股东利用控制权侵害中小股东利益，影响投资回报率。相比之下，股权相对分散、制衡机制健全的股权结构，能够有效地制约控股股东的"一股独大"，平衡不同股东之间的利益诉求，促进企业做出更加审慎、科学的投融资决策。

股权结构还影响着企业融资渠道的选择和融资成本的高低。一般而言，股权结构较为合理、股东利益协调一致的企业，更容易获得资本市场和金融机构的认可，拓宽融资渠道，降低融资成本。相反，股权结构失衡、股东争议频发的企业，往往面临融资困境，融资成本高企，严重制约了企业的投资能力和投资回报水平。机构投资者在股权结构中的比例，也是影响企业投融资效率的重要因素。机构投资者凭借其专业优势和监督动力，能够积极参与公司治理，优化投融资决策。诸多实证研究表明，机构投资者持股比例较高的企业，在投融资效率和投资回报率方面往往表现更为出色。

股权结构对投资回报率的影响是一个动态过程，需要根据企业所处的发展阶段和外部环境进行动态调整。在企业创立初期，适度集中的股权有助于克服“创业者风险”，提高决策效率，抓住市场机遇。而随着企业逐步成长、走向成熟，则需要通过优化股权结构，引入外部投资者，完善公司治理，以适应新的发展需求。同时，股权结构的调整还需考虑行业特点、市场环境等外部因素。例如，在市场化程度较高、信息相对透明的行业，分散化的股权结构可能更有利于提高投融资效率；而在市场化程度较低、信息不对称严重的行业，则需要股权适度集中，以提高决策效率，应对复杂多变的外部环境。

三、投融资决策与股权结构的协同机制

（一）协同机制的构成要素

企业投融资决策与股权结构的协同机制是一个复杂而精妙的过程，其中蕴含着多方主体间的博弈与平衡。在这一机制中，决策、股权与监管构成了三大核心要素，共同塑造着企业的投融资行为和治理格局。

从决策的视角来看，企业的投融资决策往往建立在对内外部环境的准确判断基础之上。企业需要综合考虑自身的财务状况、行业前景、市场趋势等因素，权衡投资回报和风险，制定切实可行的投融资方案。而股权结构则深刻影响着决策的形成过程。不同类型的股东，如控股股东、机构投资者、中小股东等，基于各自利益诉求参与公司治理，并通过行使表决权等方式对投融资决策施加影响。因此，一个合理的股权结构应当有利于平衡多方利益，形成科学民主的决策机制，从而为企业的长远发展奠定基础。

监管则是协同机制得以有效运转的重要保障。一方面，外部监管如证券监管、行业监管等，通过法律法规、信息披露等手段规范企业行为，防范投融资风险，维护市场秩序。另一方面，内部监管如董事会、监事会的履职尽责，有助于防止控股股东侵占公司利益，提升投融资决策的科学性和有效性。可以说，良好的内外部监管环境，是企业投融资与股权结构协同的必要条件。

决策、股权与监管三者相互交织、动态演化，共同构成了企业投融资与股权结构的协同图景。一个成熟的资本市场离不开规范的投融资决策、合理的股权结构和有效的监管约束。而这一切都有赖于相关制度的不断完善和市场主体的共同努力。伴随着我国资本市场的发展，越来越多的企业开始重视并主动实践投融资决策与股权结构的优化，深入研究两者的内在联系，探索协同机制的有效路径，并取得了积极成效。

（二）内部协同

内部协同机制是企业投融资决策与股权结构优化的重要基础。董事会、管理层和股权结构之间存在着密切的相互影响关系，这种关系的优化对于提高企业投融资效率、实现股权结构动态平衡具有重要意义。

从董事会的角度来看，其作为企业的最高决策机构，在制定投融资战略、监督管理层执行等方面发挥着关键作用。董事会成员的专业背景、独立性以及议事规则等，都会对投融资决策的科学性和有效性产生直接影响。同时，董事会的构成也与股权结构密切相关。股权相对集中的企业，大股东往往在董事会中占据主导地位，决策权相对集中；而股权相对分散的企业，则更容易形成制衡格局，董事会决策更加民主化。这种差异性决定了不同股权结构下董事会功能发挥的特点，进而影响到企业投融资行为的模式选择。

从管理层的角度来看，其作为企业的执行主体，直接参与投融资方案的制定和实施，在很大程度上决定了投融资活动的成败。管理层的专业能力、风险偏好以及激励约束机制等，都会对其投融资决策产生重要影响。而管理层与股权结构之间也存在微妙的互动关系。一方面，股权结构影响到管理层的选聘、考核和激励，进而影响其投融资决策行为；另一方面，管理层的投融资决策又会引起股权结构的变动，如引入新的战略投资者、实施管理层持股等。因此，管理层与股权结构之间的良性互动，是实现投融资决策优化的重要前提。

从股权结构本身来看，其对企业投融资决策的影响主要体现在两个方面。一是股权的集中程度。股权相对集中的企业，往往拥有明确的控股股东，决策效率相对较高，但也可能存在大股东侵占小股东利益的代理问题；而股权相对分散的企业，则在一定程度上缓解了代理问题，但决策效率可能受到影响。二是股东的类型结构。机构投资者、战略投资者和普通投资者在投资偏好、参与度等方面存在明显差异，不同类型股东的比例对企业投融资决策的影响不尽相同。同时，股权结构的变化也会引起董事会、管理层的相应调整，进而对投融资活动产生影响。

(三) 外部协同

外部环境对企业投融资决策和股权结构的影响不容忽视。市场环境的变化、政策导向的调整都会对企业的投融资活动和股权结构设计产生重要影响。企业若想在复杂多变的外部环境中实现投融资决策与股权结构的协同优化，就必须密切关注外部因素，积极应对环境变化。

从市场环境角度看，宏观经济形势、行业发展趋势、竞争格局变化等都会影响企业的投融资决策和股权结构。例如，在经济增长期，企业往往更倾向于扩大投资规模，通过股权融资等方式引入外部资本，优化股权结构。而在经济衰退期，企业则可能采取相对保守的投资策略，通过债务融资等方式维持资金需求，避免股权结构的大幅调整。同时，行业发展趋势也会对企业投融资决策产生影响。在行业高速成长阶段，企业往往需要大量资金支持，股权融资成为重要选择。而当行业进入成熟期，企业的资金需求相对稳定，债务融资的比例可能有所提升。行业竞争格局的变化也会倒逼企业调整投融资策略和股权结构。面对日趋激烈的市场竞争，企业需要通过股权结构调整引入战略投资者，借助外部资源实现转型升级。

政策环境也是影响企业投融资决策和股权结构的重要外部因素。国家产业政策、金融政策、税收政策等都会对企业的投融资行为产生直接或间接的影响。例如，国家对特定行业的扶持政策，如税收优惠、财政补贴等，会提升这些行业企业的投资吸引力，刺激股权投资的流入。而当国家出台限制性政策时，如行业准入门槛提高、环保标准趋严等时，部分企业的融资渠道可能会受到影响，债务融资空间受到挤压。同时，金融监管政策的变化也会影响企业的资本结构选择。例如，当国家实施从紧的货币政策时，银行信贷规模趋于收缩，企业的债务融资成本将提高，很可能转而更多地依赖股权融资。而在货币政策相对宽松周期，企业则更倾向于利用财务杠杆，提高债务融资比例。

面对复杂多变的外部环境，企业需要建立投融资决策与股权结构协同优化的动态调整机制。一方面，企业要密切关注经济形势、行业动态、政策变化等因素，准确把握外部环境变化对投融资活动和股权结构的影响。另一方面，企业要结合自身发展阶段、资源禀赋、竞争策略等内部条件，及时调整投融资决策，动态优化股权结构。例如，对于处于成长期的科技型企业，可以在股权结构设计中引入风险投资者，借助其专业能力和资源网络助推企业发展。而对于进入成熟期的传统制造业企业，则可以通过适度提高债务融资比例，利用财务杠杆效应提高投资回报水平。

参考文献

[1] 陈绍宇. 民营企业投融资决策选择与资本结构动态调整研究 [M]. 北京：北京理工大学出版社，2021.

[2] 杨筝. 利率市场化对我国实体企业投融资决策的影响研究 [M]. 武汉：武汉大学出版社，2020.

[3] 石旻. 公司治理与我国能源上市企业投融资决策 [M]. 北京：经济科学出版社，2020.

[4] 张奇. 企业投资战略管理与决策 [M]. 北京：企业管理出版社，2019.

[5] 吴瑕，千玉锦. 中小企业融资 案例与实务指引 [M]. 北京：机械工业出版社，2021.

[6] 康珑，李晴. 政府与社会资本合（PPP）融资新渠道 [M]. 北京：中国法制出版社，2019.

[7] 牟琪. 企业技术创新的内在机制研究 基于股权结构与高管激励的视角 [M]. 上海：华东理工大学出版社，2022.

[8] 董梅生. 国资管理三层架构下的混合所有制企业股权结构选择研究 [M]. 北京：经济管理出版社，2021.

[9] 卢佳瑄. 金融资源错配、股权结构特征和企业创新投入 [M]. 北京：中国社会科学出版社，2023.

[10] 石颖. 中国企业双层股权结构制度研究 [M]. 北京：中国社会科学出版社，2021.

[11] 张玉娟. 企业创新行为及其对企业价值的影响 基于股权结构和高管激励双重视角 [M]. 北京：经济科学出版社，2021.

[12] 汤震宇，韦美娟. 长期股权投资通解 [M]. 上海：上海财经大学出版社，2020.

[13] 刘恩. 企业合伙与股权设计实战指南 [M]. 北京：中国经济出版社，2021.

[14] 臧其超. 中小企业股权设计一本通 [M]. 广州：广东旅游出版社，2019.

[15] 谢心乐，朱崇坤. 股权激励法律实务 [M]. 北京：中国法制出版社，2019.